圖説物語4

何恭上主編

圖　説

舊約物語

編譯　梁工教授

河南大學聖經文學研究所所長

圖說
舊約物語
目　錄

寫**舊約物語**致讀者
——舊時神與人之約記錄

　　親愛的讀者，您知道有史以來譯本最多、發行量最大的著作嗎？——是的，那就是聖經。有關資料表明，截至20世紀末，聖經（或其部份經卷）已被譯成二千餘種文字或方言，成書後幾乎每年都有新譯本行世；它的總發行量難以估算，在當代每年發行數千萬冊，有時逾億冊。

　　對於如此一顆文明史上的燦爛明珠，哪個現代文明人不該如數家珍地瞭解它、熟悉它呢？

　　19世紀中葉，法國有一位極負盛名的插圖畫家——古斯塔夫·杜雷（Gustave Dore,1832-83），他以生花妙筆繪出241幅詮釋聖經故事的插畫，為人們走進這份古代遺產提供了不可多得的視覺材料。

　　基督教新教的聖經又稱《新舊約全書》，分為《舊約》和《新約》兩部份。天主教、東正教的聖經除《舊約》和《新約》外，還包括《舊約次經》若干卷。據此，這部《聖經物語》亦分為《舊約物語》和《新約物語》兩卷，《舊約物語》介紹杜雷為《舊約》繪製的139幅插畫，《新約物語》介紹他為《新約》繪製的81幅插畫，及其為《舊約次經》繪製的21幅插畫。

　　讓我們從《舊約》起步，在杜雷畫筆的引領下，進入聖經的世界，飽覽其奇妙的風光吧。

肥沃的新月形地帶

——《舊約》的家園

所謂「《舊約》的家園」，是指《舊約》所載歷史事件發生的地理環境，亦指寫出了《舊約》的作者們生活和著述的地區。

簡明地說，這一區域即是以巴勒斯坦為中心的「肥沃的新月形地帶」（Fertile Crescent）。該術語由美國東方學者詹姆斯‧亨利‧布雷斯特德首先提出，用以指代中東古代文明的發祥地。

具體說來，「肥沃的新月形地帶」指從巴比倫南端溯底格里斯河、幼發拉底河而上，經亞述向西，越過敍利亞草原，沿地中海東岸穿越巴勒斯坦，抵達西奈半島的遼闊地區；更擴大一些，還包括埃及的尼羅河下游一帶。因這一地帶略呈新月形，故名。

在紀元前的大約兩千年間，猶太人的祖先世世代代在這片土地上生息繁衍，其中的優秀分子在這裡精心思考並勤奮著述。就是在這裡，他們找到了耶和華上帝，創建了獨尊耶和華的猶太教，編纂成記載其信念、歷史和理想的《舊約》，亦即《希伯來聖經》。

這一地帶的中心是巴勒斯坦地區，它位於亞洲的西部，地中海的東岸，北臨黎巴嫩和敍利亞，東至外約旦，南接西奈半島，南北長約350公里，東西寬約120公里，總面積大體相當於中國的海南島。

巴勒斯坦面積不大，戰略位置卻十分重要。它地處亞、非、歐三大洲的咽喉要道，自古即為兵家必爭之地。它的西南方是非洲文明的搖籃古埃及；東北方是美索不達米亞平原——在這裡，幼發拉底和底格里斯二河先後哺育了創造出輝煌文化的蘇美爾人、阿卡德人、巴比倫人、亞述人和亞美尼亞人；西方，在地中海的彼岸，是南歐的文明古國希臘、馬其頓和羅馬；東方是勃興於公元前6世紀中葉的中亞大帝國波斯。

千餘年間列強逐鹿於地中海周圍的遼闊地帶，首當其衝的就是巴勒斯坦。巴勒斯坦的古老名稱是「迦南」，意思是「低窪之地」，因為迦南人最初居住在地勢低窪的濱海平原。後來其家園擴展到周圍的曠野、山地、高原和河谷，「迦南」一語遂獲得與今巴勒斯坦大體相當的地理內涵。

迦南土著居民包括迦南人、赫人、亞摩利人、比利洗人、希未人、耶布斯人等，他們大多隸屬於塞姆族（Semite），歷史上有過高度發展的文化。他們以農耕、畜牧和商貿為生，擁有豐富的神話傳說和宗教故事，信奉多神，祭拜偶像。

這就是古代猶太人的生存空間，《舊約》孕育和誕生的文化家園。在這個家園中，擅長苦思冥想的歷代猶太智者飽覽了迦南和四鄰諸國的文明精華，集其大成而發展創新，為世界貢獻出博大精深的希伯來文化——其首要載體即我們正在談論的《舊約》。

以色列猶大王國
——《舊約》的歷史

所謂「《舊約》的歷史」，既指《舊約》中記載的古猶太民族史，也指猶太民族在舊約時代確曾經歷過的歷史活動。其實，這二者是互為裡表的。

以「以色列－猶大王國」的建立（約公元前1028年）和淪亡（公元前586年）為兩個分界線，《舊約》的歷史可分為三個階段：王國建立之前、王國時期、淪亡以後。

先說王國建立之前。

猶太人的始祖相傳是亞伯拉罕，他最早遵從耶和華的召喚，攜家從迦勒底的吾珥途經哈蘭遷至迦南。他於一百歲時生子以撒，以撒又生孿生子以掃和雅各。雅各晚年因迦南遭遇災荒，

帶領眾子遷往埃及，在尼羅河三角洲的歌珊地區定居下來，生息繁衍長達四百多年。

這是猶太民族史的傳說階段或史前階段。

猶太民族的奠基人是摩西，他把以色列十二支派聯合成一個統一的民族。當雅各的子孫在埃及遭遇迫害而陷於苦難時，耶和華在經火而不燃的荊棘叢中向摩西啟示其名字，讓他帶領族人離開埃及。

摩西率眾出埃及的時間可能在公元前 13 世紀上半葉。出埃及、過紅海、抵達西奈曠野後，相傳摩西曾登上西奈山，從耶和華上帝手中領受了「十誡」法版。此後，他頒佈各種律例，為猶太教的發展打下教義規章的基礎。

摩西死後，其繼承人約書亞帶領眾人征服迦南，將所得之地分給以色列十二支派。接著進入二百年左右的士師秉政時期，以色列人在各支派首領即士師的領導下奮力抵抗外來之敵，在迦南逐漸立穩腳跟。

再說王國時期。

為了更有力地抗擊入侵的非利士人，公元前11世紀下半葉，以色列民眾建立起自己的古代王國，由掃羅、大衛、所羅門相繼稱王。大衛定都耶路撒冷，平定外敵，擴充版圖，建成一個強大的國家。所羅門在和平安定的環境中發展經濟和貿易，在耶路撒冷興建雄偉的聖殿和豪華的王宮，使以色列王國具有不同凡響的大國氣派。

所羅門死後，統一的國家分裂成南北兩個王國。雙方煮豆燃箕，彼此削弱了對方的國力，加之歷代統治者昏君多於明主，亞述、巴比倫等大國實力增強，以色列民族籠罩在日益濃重的亡國陰影中。終於，北國京城撒瑪利亞於公元前 722 年被亞述人摧毀，南國首都耶路撒冷也於公元前 586 年被巴比倫人焚為焦土。

最後再談談淪亡以後的情況。

公元前 586 年猶太人失去獨立自主的民族國家，萬餘百姓被擄掠至遙遠的巴比倫殖民區。此後幾個世紀，他們相繼遭到巴比倫、波斯、希臘和羅馬四個大帝國的奴役，其中巴比倫、波斯時期的某些情景在《舊約》中有清楚的記載。

從《以西結書》等卷籍中可知，被囚於巴比倫的多數猶太百姓一直持守著本族的宗教信仰和風俗習慣，堅信耶和華必定眷顧、拯救其子民。他們每逢安息日便集於一處，重溫先知教訓，彼此安慰勸勉，其中的文人學士還緊張地致力於古籍編纂工作。

公元前 539 年波斯帝國戰勝巴比倫，次年古列皇帝便詔告全國，允許囚居於巴比倫的猶太人回歸耶路撒冷。此後，猶太人一批批地返回故園，投入重建聖殿、修復城牆、改革宗教、編修經典、守節誦詩等活動。

《舊約》的歷史紀事終結於猶太祭司兼經學家以斯拉為眾人宣講摩西的律法書，即《舊約》卷首的五卷書，通稱「摩西五經」，時間在公元前400年左右。此事意味著猶太人已擁有自己的宗教經典，猶太教已成為高度發展的民族宗教。

古希伯來文版本

——《舊約》的分類

《舊約》共三十九卷，於公元 1 世紀末葉形成傳世的定本。除個別章節用亞蘭文書寫外，其餘都用古希伯來文寫成。這批卷籍通常分為四大類——

第一類：律法書或摩西五經，指《舊約》開頭的五卷書《創世紀》、《出埃及記》、《利未記》、《民數記》、《申命記》。相傳它們皆由摩西領受耶和華上帝的諭示寫成。內容包括猶太教關於上帝創世造人和人類早期歷史的記述，關於猶太祖先亞

伯拉罕、以撒、雅各、約瑟等的傳說，關於民族英雄摩西帶領以色列人出埃及的歷史紀事，以及與歷史故事交織出現的猶太教的教義、教規，希伯來人的民事法律、倫理規範等。

第二類：歷史書，包括《約書亞記》、《士師記》、《撒母耳記》（上、下）、《列王紀》（上、下）、《歷代志》（上、下）、《以斯拉記》、《尼希米記》十卷書。述及自約書亞征服迦南，經以色列古代王國建立、興盛、分裂、衰亡，直到被囚於巴比倫的猶太人回歸故園、重建聖殿，尼希米修復城牆，以斯拉宣讀律法書時期的歷史概況。

第三類：先知書，通常指三大先知書和十二小先知書。三大先知書包括《以賽亞書》、《耶利米書》、《以西結書》，十二小先知書包括《何西阿書》、《阿摩司書》、《彌迦書》等。它們是生活於公元前8世紀至前4世紀的一批先知，針對以色列現實問題發表的各種神學議論或政論。猶太人和基督徒相信，先知乃是上帝的代言人，他們的訊息都是由上帝發布的。有人認為，十二小先知書中的《約拿書》實際是故事或原始小說，就體裁特徵而言應歸於聖文集。

第四類：聖文集，它們是最晚確定為經典的一批著作，大體是歷代文學作品的彙集，共九卷書。包括抒情詩集《詩篇》、《耶利米哀歌》、《雅歌》，智慧文學《箴言》、《約伯記》、《傳道書》，故事書《路得記》、《以斯帖記》，和啟示文學《但以理書》。

上帝的關注新天地主人

——《舊約》的神學

《舊約》有一個龐大而複雜的神學體系，基本教義包括上帝觀、選民觀、立約觀，以及對彌賽亞的盼望等。

《舊約》的上帝觀是嚴格的一神論，聲稱宇宙間惟有耶和華一神。這位上帝是無形的，無法被視覺感知；如同靈魂充滿了肉體，他遍及宇宙各處；如同靈魂居住在肉體的最深處，他居住在宇宙的最深處。上帝是全能的，創造了世間萬物和人類，制定了大自然演變的規律，支配著人類歷史按既定的軌道運行。上帝無所不知，他的智慧如同其能力一樣無可限量。上帝是永恆的，在整個宇宙中既是最初的、中間的，也是最後的。上帝既是公正嚴明的審判者，同時又十分仁慈，是聖潔、純全、完美的主，是以色列人也是普世眾生的在天之父。

　　《舊約》告訴讀者，猶太人是耶和華上帝從天下萬族中特意「揀選」出來的民族，與上帝有一種異乎尋常的天然聯繫。上帝讓亞伯拉罕離開父家，從遙遠的美索不達米亞遷往迦南；又於以色列人在埃及受苦之際，拯救他們擺脫苦境，回到「流著奶與蜜」的迦南之地。在後來的歷史中，他們時常得到上帝的關注和指點；至未來，他們必能成為「新天新地」的主人，永遠執掌王權，無敵於天下。

　　「舊約」中的「約」字得自一種獨特的宗教觀念：耶和華上帝曾與世人多次訂立「契約」或「協約」，諸如「諾亞之約」、「亞伯拉罕之約」、「摩西之約」和「大衛之約」，並始終持守其神聖的承諾；而作為立約的另一方，以色列人卻常常違背約言，追隨異神，濫拜偶像，混淆是非，犯罪行惡，以致不時遭受懲罰，自食其咎。基督教認為，猶太教的經典是舊時神人之約的記錄，故名「舊約」；他們的典籍則是新時代神人之約的記錄，故名「新約」。

　　「彌賽亞」一詞譯自希伯來文 mashiah，意思是「受膏者」，得自一種加冕儀式：入選的士師、祭司和國王接受職位時，額頭上須塗以膏油，示意此人乃由上帝親自揀選，其治理將得到上帝的佑護。這種受膏者起初是真實歷史人物，如掃羅和大衛；後來逐漸演變成未來的理想君王，他出自大衛家族，將擔

負起救國濟民的使命。時至紀元前後，彌賽亞轉變成為屬天角色：他是猶太人世代盼望的復國救主，將於末世出現，協同上帝進行最後審判，並永遠統治新天新地。本書第九章第 8 個故事「四獸異象」中，提到一位「像人子的」，指的就是救世主彌賽亞。

崇高・神聖・莊嚴美學
——《舊約》的文學

就文學特質考察，《舊約》的許多作品具有優美的情致、崇高的風格和濃郁的抒情色彩。其中一批源於民眾的口耳相傳，富於民間文學清新、質樸、優美、健康的藝術情致。另一批出於文人手筆，辭章精巧，語言犀利，論證雄辯，具有不同凡響的文學素質。因上帝形象幾乎遍佈所有作品，追求聖潔的呼聲幾乎響徹全書始終，《舊約》又從總體上顯示出崇高、神聖、莊嚴的美學風格。

與尊重自然和理性、表現出較多客觀傾向的希臘思潮相比，希伯來思潮更推崇信仰和感情，顯示出更多的主觀傾向。如果說古希臘人擅長創作史詩、戲劇等敍事性作品，那麼可以說，古猶太人更長於吟誦抒情性作品。這是一群富於宗教情愫的作者和詩人，慣於向神靈敞開心扉，傾訴其心底的愛、憎、歡樂、哀傷、憂愁和期待。《詩篇》中大量的祈禱詩、讚美詩、懺悔詩、詛咒詩、朝拜詩，《耶利米哀歌》中的哀悼詩，《雅歌》中的愛情詩等等，便是其中的典範之作。

《舊約》的文學體現了民族性和世界性的統一。它是猶太人的民族文學，表現出鮮明的民族內容、民族氣質、民族形式和民族風格。這批作品形象地展示出古猶太民族的歷史畫卷：從族長遷徙、摩西率眾出埃及、士師秉政，到王國建立、南北分

裂、國破家亡，再到回歸家園、重建聖殿和復興故國。《舊約》的作者們常用獨特的文體進行創作，如先知文學、啟示文學和大型戲劇體哲理詩（《約伯記》）；在表現手法上常具民族的獨特性，如詩歌中的平行體和字母序詩，散文中的啟示體和異象體；在審美風格方面也有鮮明的民族色彩，如崇高性、超越性、神秘性、象徵性和非悲劇性。

《舊約》的文學還表現出深刻的世界性。它們形成時曾從古埃及、巴比倫、亞述、腓尼基、波斯等北非和西亞上古文學中汲取各種營養，從而具備了普遍的代表性。它的主流固然是猶太民族主義的，不少後期經卷卻明確傳出「普世皆為上帝民」的世界主義呼聲——這類經卷可列出《第二以賽亞書》、《路得記》、《約拿書》、《傳道書》等。

斑爛多姿聖經世界
——杜雷的插圖

1832年1月6日，古斯塔夫·杜雷出生於法國名城斯特拉斯堡的艾爾薩斯鎮，父親是個建築工程師。他自幼喜愛繪畫，從摹仿報刊上的諷刺幽默畫走上藝術之路。1847年，他不滿16歲就前往巴黎謀生，為《笑》等周刊繪製滑稽可笑的插圖畫。他渴望接受繪畫藝術的專門教育，但難以支付高昂的學費，不得已而浪跡於巴黎街頭，時常出入展覽廳和博物館，在畫欄和報廊面前駐足觀看。羅浮宮的美術館是他經常光顧之地，在那裡，憑著非凡的視覺感受力和心理悟性，他汲取了豐厚的藝術營養。

不久，杜雷的父親去世。為了負擔母親和兩個弟弟的生活，他不得不投入各種凡能掙到錢的工作：為當時流行的繪畫期刊、旅行書刊和五花八門的故事報刊繪製命題漫畫。同時他也

出版一批畫冊，受到讀書界的矚目。

從1854年起，杜雷開始為世界文學名著繪製木刻插圖，相繼推出《拉伯雷作品集》、《巴爾扎克短篇詼諧小說集》、《神曲》、《大型對開本聖經》、《拉封丹寓言》、《唐吉珂德》等。他在木刻插圖領域如魚得水，悠游自在，顯示出不可思議的藝術天賦。

隨著他的圖書市場日益擴大，杜雷雇用了越來越多的木刻工人。製作畫稿時，他先用鉛筆和刷子在木版上繪出草圖，再讓工人按其意圖進行雕刻。大致說來，表現日景時，他在白底上留出黑色線條；表現夜景時，則在黑底上刻出白色線條。起初，工人們顯得笨拙無能，常令杜雷氣憤惱怒；合作若干年之後，不少工人技術長進，其中的出色者已能準確理解畫家的意圖，且用刀具嫻熟老練地表達出來。杜雷通常把自己的名字刻在插圖的左下角，同時把刻工的名字刻在右下角。他最得意的刻工是匹散（H. Pisan），本書收錄的若干插圖——如《舊約物語》的開卷之作「要有光」，和《新約物語》的壓卷之作「天使向約翰指示新耶路撒冷」——就是他的刀工。

杜雷為聖經繪製的系列插圖1865年首版發行於巴黎，輔讀文字為法文。翌年它就被譯成英文，在倫敦出版，當時共收入插圖 229 幅。隨後幾年，它被譯成幾乎所有歐洲語言和希伯來語，風靡整個基督教世界。嗣後一個多世紀，它在許多國家不斷再版重印，影響力經久不衰。加拿大多佛出版公司彙入從其他渠道搜集的杜雷聖經插圖12幅，於1974年出版計達241圖的《杜雷插圖本聖經》，向世界展示出杜雷聖經插圖的全貌。擺在讀者面前的這部中文畫冊將全面介紹這批插圖，其中《舊約物語》介紹 139 幅，《新約物語》介紹 102 幅。

杜雷以其天才的想像力和卓越的藝術稟賦再現出斑斕多姿的聖經世界。透過他的畫筆和刻刀，人們能走進聖經的家園，看到「肥沃新月形地帶」的幕幕景觀：起伏的山巒、茫茫的曠

野、奔騰的河流、茂密的樹林、平靜的湖水和喧囂的大海，以及牧人的帳棚、工匠的房舍、豪華的王宮、莊嚴的聖殿、靜謐的村莊和嘈雜的街市……。也許，天真好奇的兒童還能從中發現一個動物天地，看到可愛的山羊、綿羊、牛、馬、驢、駱駝、狗、獅子、熊、大象，以及大魚和海怪。

透過杜雷的畫筆和刻刀，人們還能走進聖經的歷史，漫步於自上帝創世經以色列民族盛衰沈浮和耶穌傳道，至末日審判和新天新地降臨的歷史長廊，看到一個個各顯風采的聖經人物：亞當、夏娃、該隱、諾亞、亞伯拉罕、以撒、雅各、約瑟、摩西、約書亞、底波拉、雅億、基甸、耶弗他、參遜、路得、掃羅、大衛、所羅門、以利亞、以利沙、阿摩司、以賽亞、彌迦、耶利米、巴錄、以西結、以斯帖、約伯、約拿、但以理、尼希米、以斯拉、多比、尤迪絲、馬卡比兄弟，以及耶穌、瑪利亞、施洗者約翰、十二門徒和聖保羅。隱藏在聖經字裡行間的人物和故事突然間栩栩如生地活躍在讀者眼前了——這是多麼令人驚喜之事！

杜雷的繪畫以現實主義為主導風格。他筆下的人物無不洋溢著蓬勃旺盛的生命活力，毫無中世紀繪畫中常見的呆滯目光和萎靡狀態。他的角色往往筋骨強健、膂力過人，給人以積極健康的審美陶冶。即使處理某些超自然對象，比如天使和撒旦，他也把他們設計成凡人模樣，不同之處僅在於他們生有翅膀，撒旦的頭上還長了兩個可惡的角。為了強化其作品的歷史真實感，杜雷十分重視西亞北非的考古成就，常把某些文物的造型帶進繪畫。惟其如此，即使同為王宮，他筆下的埃及、巴比倫、波斯和以色列王宮才各不相同。

杜雷亦精通浪漫主義的想像和誇張，善於表現某些超現實情節或異乎尋常的場景。前者如「雅各的天梯」（第二章11圖）、「十災擊打埃及」（第三章4、5圖）、「以利亞升天」（第七章9圖），後者如「參遜與敵人同歸於盡」（第五章13圖）。在參

遜與敵人同歸於盡的畫面中，三根倒塌的巨柱無論直徑還是高度都數倍於站立其間的參遜，二者形成極其強烈的對比，使讀者的心靈產生巨大的震顫。

　　另外，杜雷還長於巧妙地構圖，懂得疏密相間，將讀者的目光吸引到畫面的焦點上；擅長處理光和影，知道怎樣藉明暗對比抒發情感、表現主題。他的筆法或刀工特別細膩，能使人「一見鍾情」，不必耐心揣摩就認定為精雕細刻的上乘佳品。所有這些，都使杜雷的聖經插圖煥發出激動人心的生命力，且擁有永恆的藝術魅力。

梁 工

河南大學聖經文學研究所所長

二〇〇二年五月十五日

壹

人類的童年

本章的10幅圖畫生動地描繪了《舊約》卷首所載上帝創世造人和人類童年的經歷——

　　耶和華上帝於太初創造了天地萬物和人類始祖。人類的始祖亞當、夏娃被安置在其樂融融的伊甸園中，他們卻因偷吃禁果而犯罪，遭到「失樂園」的懲罰。

　　人類被逐出伊甸園後，悖逆與僭越的行為愈演越烈：亞當的第一代子孫就自相殘殺，該隱妄殺了無辜的弟弟亞伯；到諾亞時代，強暴與仇恨四處蔓延；再後，世人竟狂妄得建起通天高塔。

　　世界初創時的和諧秩序眼看被徹底破壞，使上帝不得不興起洪水滅世的災難，並變亂人們的語言，使各族分散而居。

　　但上帝的意圖不是懲罰而是救贖，是使人類幡然悔悟而棄惡向善。所以他讓義人諾亞造方舟躲避大洪水，為人類流傳後代並樹立楷模。

　　概觀之，聖經記載了上帝如何拯救世人的神人關係史，「人類的童年」乃是這部關係史的壯麗開篇。

1-1 萬物始創

　　起初，上帝創造天地萬物的時候，大地空虛混沌，波濤洶湧的深淵被黑暗所籠罩。

　　上帝說：「要有光。」於是就有了光。上帝看著光好，就把光和暗分開，稱光為晝，稱暗為夜。晚間過去，清晨來臨，這是第一天。

　　上帝又說：「汪洋大水之中要有穹蒼，把水上下分開。」事情就這樣辦成了，他稱穹蒼為天空。這是第二天。

　　到了第三天，天下的水按上帝的命令聚在一起，稱為海，海邊露出的地面則稱為陸，陸地上長滿各類植物，有的產五穀，有的結果子。

　　第四天，上帝造出天上的太陽、月亮和星星，讓它們普照大地，支配晝夜，區分光和暗。

　　第五天，上帝造出水裡的游魚和空中的飛鳥。

　　第六天，上帝命令地上生出各類動物。地上果然有了各種牲畜、野獸和爬蟲。

　　接著，上帝說：「我們要照著我們的形象，按照我們的樣式造人，使他們管理海裡的魚、空中的鳥、地上的牲畜、野獸和爬蟲。」

　　於是上帝照著自己的形象造出人類，造了男人，也造了女人。上帝賜福給人類，說：「你們要生養許多兒女，使後代佈滿世界，支配大地。你們要管理海裡的魚、空中的鳥和地上的所有動物。我要供給你們五穀和各種果子，用作食物。」

　　就這樣，天地萬物都造成了。第七天，上帝因完成了創世之工而休息。他賜福給第七天，定為聖日，又叫作安息日。

　　《萬物始創》是極負盛名的猶太宗教傳說，揭示了耶和華上帝的造物主性質，對宇宙生成、萬物衍生和人類起源的過程，做出氣勢恢宏的描述。

　　耶和華上帝創造萬物的活動依循由低級向高級的層次逐步展開：先造出天空、陸地、海洋、太陽、月亮和植物，為動物的出現提供生存環境；再造出活動於天空、陸地、海洋的各類動物，它們與先前已造出之物共同構成人類的生存環境；最後才造出人。

　　人被塑造成「萬物的靈長」(莎士比亞語)，職能就是「管理海裡的魚、空中的鳥和地上的所有動物」。

　　這篇故事由引言(創世背景)、六段正文(創世經過)和尾聲(安息日的起源)三部份構成，布局嚴整而工致，達到很高的藝術水平。

　　右圖：上帝說：「要有光。」於是就有了光。

1-2 | 伊甸園

耶和華上帝創造宇宙的時候，地上沒有草木和蔬菜，只有霧氣潤澤著地面。

上帝用地上的塵土造人，把生命的氣息吹進他的鼻孔裡，使他有了生命，名叫亞當。

上帝在東方的伊甸立了一個園子，把他造的人安置在裡面。上帝使地上長出各種樹木，結出美味的果子。那園子中間有一棵賜予生命的樹，還有一棵能使人辨別善惡的樹。

一條河從伊甸園中流出來，灌溉園子，在園子外分成四道支流：其一叫比遜河，環繞著哈腓拉流淌，那地方盛產黃金、香料和寶石；其二叫基訓河，環繞著古實湧流；其三叫希底結河，穿過亞述的東部；其四叫伯拉河。

上帝把亞當安置在伊甸園裡，叫他耕種並看守園子，對他說：「園子裡所有樹上的果子你都能吃，惟獨那棵能使人辨別善惡之樹上的果子不能吃。你若吃了，必定要死。」

上帝自言自語地說：「人單獨生活不好，我要為他造一個伴侶，作他的助手。」

上帝用地上的塵土造出各種動物和飛鳥，讓亞當為它們起名，亞當為所有牲畜、飛鳥和野獸都起了名。

上帝讓亞當沈睡，取出他一根肋骨，再把肉合起來。上帝用那根肋骨造出一個女人，把她帶到亞當面前。亞當說：「這是我骨中的骨，肉中的肉。我要稱她為女人，因為她是從男人身上取出來的。」

因此男人離開父母後要和妻子結合，兩人成為一體。當時亞當和他妻子都赤身露體，但並不覺得羞恥。

伊甸園是個溫馨、靜謐的融融樂園，象徵著歷史源頭的黃金時代。它是人類始祖的誕生地，也是人類成長的搖籃。

伊甸園中一片肥田沃土，長滿繁茂的果樹，樹上果實累累，為人類始祖獻出甘美的食物。一條大河穿園而過，灌溉著大地，滋養著樹木，哺育著人類的始祖。地上有牲畜和野獸自由生長，空中有百鳥展翅飛翔，它們都生機勃勃又溫和馴良，是人類始祖的和諧伴侶。

這幅圖畫繪出一個渾然天成、超越現世、凌駕於人類經驗之上的神妙世界。它是永恒而完美的理想天地，寄寓了古代猶太人對至樂之境的由衷憧憬和熱烈追求。

右圖：上帝……造出一個女人，把她帶到亞當面前。

1-3 ｜ 亞當、夏娃失樂園

在耶和華上帝創造的動物中，蛇最聰明。蛇問女人：「上帝果真禁止你們吃園子裡任何樹上的果子嗎？」

女人回答：「園子裡任何樹上的果子我們都能吃，惟獨中間那棵樹上的果子不能吃。上帝說，我們假如違背了禁令，就會死去。」

蛇說：「不見得吧！你們吃了也不會死。上帝這樣說，是因為他知道你們一旦吃了那果子，就會像上帝一樣，能夠辨別善惡。」

女人很喜歡那棵樹上的果子，就摘下來吃，也給他丈夫吃。他們二人一吃那果子，眼睛就明亮了，發現自己原來是赤身露體的。於是，就用無花果樹的葉子編做裙子，遮掩身體。

黃昏時分，耶和華上帝發覺人受蛇的引誘，違命偷吃了禁果，就對蛇發出詛咒：「從此以後，你要用肚子爬行，終生吃土。你跟那女人的後代要相互敵對，他們要打碎你的頭，你要咬傷他們的腳跟。」

上帝對那女人說：「我要增加你懷孕和分娩的痛苦。你要戀慕你的丈夫，你的丈夫要管轄你。」

上帝又對那男人說：「你必須汗流滿面，終生辛勞，才能吃飽肚子。你是用塵土造的，本是塵土，死後還要回歸塵土。」

亞當給他的妻子取名夏娃，含有生命之意，因為她是賜予生命的母親。

上帝惟恐人再吃生命樹上的果子而永遠活下去，就把他們逐出伊甸園，並派基路伯天使把守園子，防止人靠近那棵生命樹。

亞當、夏娃失樂園的傳說表達了多重變奏的神話主題：嘆息創世之初神人之間和諧關係的消解，追尋人類無法達到至樂和永生之境的原因，揭示「原罪」的發生，並述說人類始祖失樂園的始末。

在這災禍連綿的苦難歷史中，猶太民族的智者反復思索：人類為何屢屢犯罪，不思悔改，以致招來上帝愈益嚴厲的懲罰？他們的感悟是，只從罪犯的品行缺失解釋還不夠，犯罪的內在根源乃在於一種與生俱來的「罪性」，這可悲的本性乃是從人類始祖的「原始罪性」傳承而來。

《以斯拉四書》的作者哀嘆道：「啊，亞當，你胡作了什麼呀！你的罪孽不僅造成你本人的墮落，也造成我們全人類的墮落。」亞當所胡作的，就是與夏娃一同違命上帝的禁令，偷吃了智慧樹上的果子。

右圖……派基路伯天使把守園子，防止人靠近那棵生命樹。

1-4 | 兄弟獻祭

亞當和夏娃被逐出伊甸園後，過著艱辛的日子，往昔的歡欣和快樂一去不復返。

夫妻二人相依為命。一天，亞當和夏娃同房，夏娃懷了孕，足日後生下一個兒子。她說：「耶和華使我得了兒子。」就給他起名叫該隱，含「得意」之意。

後來夏娃又生下該隱的弟弟，起名叫亞伯。

亞伯是牧羊人，該隱是農夫。

兩兄弟常在父母面前爭強鬥勝。就是給上帝獻祭，也想比個高低。

該隱辛勤勞作，使莊稼長得植株繁茂，顆粒飽滿。到了收穫時節，他以豐收的土產品為祭物，獻給耶和華上帝。

亞伯精心放牧，使羊群迅速繁殖，羊兒個個膘肥體壯。到了獻祭的時候，他從羊群中選出最好的頭胎羔羊，連同脂油一起獻上。

耶和華上帝接受了亞伯的供物，而拒絕了該隱的祭品。

該隱看到弟弟亞伯佔先了，氣得滿臉通紅，眼睛裡射出兇光。

耶和華勸慰該隱說：「該隱哪，你為什麼生氣呢？為什麼改變了臉色？你若做了好事，我能不接受你的祭品麼？但你卻做了不該做的事。罪已經潛伏在你的門前，它要控制你，你應當制伏它。」

可是該隱卻聽不進上帝的勸告，他對亞伯的怨恨愈來愈深。

摩西律法的基礎和核心是「十誡」，「十誡」的前四誡是信仰教誡；後六誡是民事或道德誡律，其中第二條即「不可殺人」。可見殺人自古就被列為不可饒恕的大罪。

殺人的罪行源於何時？《創世紀》做出深刻的揭示：源於人類始祖亞當、夏娃的第一代子孫，罪犯就是他們的長子該隱。該隱殺死無辜的兄弟亞伯，開了人類殺人噬血的先河。這樁罪行的潛台詞是：上帝創世時建立的和諧秩序已遭到嚴重破壞，上帝對人類的救贖必須輔之以嚴厲的懲罰。

近代有人類學研究者指出，這個故事以擬人手法敘述了上古西亞農耕民族與半游牧部族之間的流血衝突，該隱代表農耕民族，亞伯代表半游牧部族，兄弟之爭實際上映射出兩類民族之間的利害之爭和無情仇殺。

右圖：該隱看到弟弟佔先了，氣得滿臉通紅，眼睛裡射出兇光。

1-5 | 該隱殺弟

一天，該隱到田野去，看見亞伯正在牧羊，臉上露出得意的神色，就走過去，對他說：「亞伯，你得意什麼？難道我哥哥還不如你弟弟麼？」

亞伯知道哥哥的供物不蒙悅納，正想找自己出氣，就盡量躲避他。但該隱不肯善罷甘休，繼續尋釁滋事。

亞伯忍不住反問道：「你的供物不蒙悅納，與我有何相干？」

於是兩個人爭吵起來，越吵越凶，不久就扭打成一團。該隱在烈怒中將亞伯打翻在地，直到把他殺死。

耶和華上帝目睹了人類歷史上這首宗殺人案，氣憤地審問該隱：「你弟弟亞伯在哪裡？」

該隱回答：「不知道。難道我有看管弟弟的責任嗎？」

上帝斥責該隱道：「是你把他殺了。你為什麼做出這種殘暴的事？你弟弟的血從地下發出聲音，他向我哭訴。你殺他的時候，大地張開口，吞下了他的血。」

接著，上帝宣告對該隱的懲罰：「現在你要受詛咒，再也不能耕地種田。你即使耕種，土地也不再出產。你要成為流浪者，在地上到處漂流。」

該隱求告上帝道：「我受不了這麼重的懲罰。你把我趕出這塊土地，我將成為無家可歸的流浪者，凡遇到我的人都會殺我。」

耶和華回答道：「那還不至於。因為凡殺你的人，必定賠上七條性命。」耶和華在該隱的額上做了一個記號，警告遇見他的人不可殺他。於是該隱離開故鄉，來到伊甸園東邊的挪得之地居住。

該隱殺弟之後，被上帝懲罰為孤獨的流浪漢，在日光之下到處漂流。後世從這幅映像中生發出「流浪的猶太人」一語，喻指千百年間浪跡天涯、無家可歸的猶太民族。

該語早已進入西方文庫，成為有口皆碑的成語典故。英國詩人拜倫在《恰爾德‧哈洛爾德遊記》第1章中寫道：恰爾德‧哈洛爾德「正如傳說中流浪的猶太人，被命運無窮無盡地折磨，既不願探視墓穴和杳冥，在世上又永無寧息的時刻」。

關於耶和華在該隱額上做出的記號，英國民俗學大師弗雷澤認為，它可能是一種彩色圖案，作用是改變殺人犯的外貌，使被殺者的鬼魂認不出來，從而不再找他的麻煩。

右圖：該隱在烈怒中將亞伯打翻在地，直到把他殺死。

1-6 | 諾亞方舟

人類始祖偷吃禁果，被逐出伊甸園。亞當的長子該隱殺死弟弟亞伯，揭開人類自相殘殺的帷幕。此後人世間日益充斥著強暴、仇恨和嫉妒，深深地陷入於罪惡之中。

耶和華上帝見此情景，後悔在地上造了人。他說：「我要從地面上消滅人類，也要消滅獸類、爬蟲和飛鳥，因為我後悔造了這些動物。」

上帝惟獨喜歡諾亞，因為他純全無瑕，是當時惟一的義人，對上帝極其虔誠。他有三個兒子：塞姆、漢姆和雅弗。

上帝對諾亞說：「世界充滿了人類的暴行，我要把他們徹底消滅。

「你要選用最好的木材，為自己造一條方舟。方舟裡要有房間，裡外都塗上柏油。舟身長一百五十公尺，寬二十五公尺，高十五公尺。舟艙要分上、中、下三層，側面要留門，上部要有採光的窗口。

「我要使洪水在地上泛濫，除滅地上的一切生靈。但我卻要與你立約，你要領著妻子、兒子、兒媳進入方舟，並把地上各種牲畜、爬蟲，與飛鳥的物種帶進方舟，以便保存它們的生命。

「你還要為你們和各種生靈貯存所需的食物。」

諾亞遵照上帝的吩咐，一一而行。

諾亞六百歲時，洪水在地上泛濫起來。他帶著妻子、兒子、兒媳進入方舟，躲避水患，並按照上帝的吩咐，把各種潔淨和不潔淨的牲畜、飛鳥、爬蟲每樣一公一母帶進舟中。

對於熟知「鯀、禹治水」的中國讀者來說，《諾亞方舟》的故事並不費解，二者之間原有許多可比性。

據《山海經》載：「洪水滔天。鯀竊帝之息壤以堙洪水，不待帝命。帝令祝融殺鯀於羽郊。鯀複生禹。帝乃命禹卒布土，以定九州。」

先繪出一幅洪水泛濫的景觀，再樹起一個無所畏懼的治水英雄——鯀。鯀不等天帝允許，就竊其寶物息壤，用以填堵洪水。天帝惱羞成怒，派火神祝融將他殺死於羽山郊外。不料他的腹中又生出禹來。天帝無奈，只得派禹去分布息壤，以平定九州的水患。文章頌揚了全力制服水患災害的人民英雄鯀和禹。

而《諾亞方舟》則刻意表現出耶和華上帝的義怒：為了鏟除罪惡，他不惜以滔天的洪水毀滅一切生靈，只留下義人諾亞一家人和各種活物的物種。

右圖：上帝說：「世界充滿了人類的暴行，我要把他們徹底消滅。」

1-7 洪水滅世

諾亞六百歲那年的二月十七日，地下深淵的泉源裂開了，天空所有的水閘都打開了，傾盆大雨一連下了四十晝夜。

就在那天，諾亞帶著他的妻子、三個兒子塞姆、漢姆、雅弗，連同媳婦們都進了方舟。各種野獸、牲畜、爬蟲、飛鳥也成雙成對地登上方舟。然後，耶和華為諾亞關上舟門。

洪水連續泛濫四十天。隨著水勢上漲，方舟從地面漂浮起來。水面越漲越高，方舟開始在大水上漂蕩。洪水淹沒了大地，又淹沒天下所有的高山。但水勢繼續上漲，超過最高的山峰七公尺。

地上所有的牲畜、飛鳥、爬蟲，連同人類都葬身水底，只有諾亞方舟中的人和動物依然存活。洪水淹沒大地一百五十天。

上帝沒有忘記諾亞和方舟裡的各種動物。他叫風吹大地，使水開始消退。地下深淵的裂口和天空的水閘都關閉起來，大雨停了下來。

在一百五十天中，洪水逐漸消退。七月十七日，方舟停靠在亞拉臘山脈的一座山上。隨後，大水繼續消退，到了十月一日，山峰開始出現。

四十天後，諾亞打開窗口，放出一隻烏鴉，這烏鴉飛來飛去，直到大水消退也沒有回來。諾亞又放出一隻鴿子，讓它探視水情，鴿子找不到落腳之地，又飛回方舟。

洪水故事之所以不約而同地出現在許多地區和民族，是因為這些地方無疑都遭受過大暴雨、大洪水的危害。

英國考古學家武雷（L. Woolley）在《迦勒底人的吾珥城》中認為，《創世紀》所記載的洪水，是西亞地區確曾發生過的一場洪災的文字記錄。

據他的考古發掘，這場洪災發生於公元前3200年左右，當時罕見的暴雨釀成洪潦，淹沒了底格里斯河和幼發拉底河兩岸四萬多平方英里的土地。洪水泛濫之際，舉目一片汪洋，倖免罹難的僅有很少幾個城鎮，因為它們修建在山頂上，四周築有堅固的城牆。

在後世，「諾亞方舟」轉喻「避難所」，口銜橄欖枝的鴿子象徵「和平」。

右圖：地上所有的牲畜、飛鳥、爬蟲，連同人類都葬身水底……。

1-8 劫後之約

再等七天之後，諾亞又放出一隻鴿子。黃昏時分，那鴿子叼著一束新擰下來的橄欖葉子，飛回諾亞身邊。於是，諾亞知道大水已經退去了。

再過七天，諾亞又放出鴿子，這次鴿子再也沒有飛回來了。

諾亞六百零一歲那年的正月初一日，洪水全部消退了。諾亞打開舟頂向外張望，發現地面已經乾了。

到了二月二十七日，地面全部恢復了原貌。

上帝對諾亞說：「你帶著妻子、兒子、兒媳從方舟裡出來吧。飛鳥、牲畜、爬蟲也都帶出來，讓它們生殖繁衍，佈滿大地。」

於是諾亞和妻子、兒子、兒媳都離開方舟，所有的牲畜、爬蟲和飛鳥也各按其類，相繼而出。

諾亞為耶和華築了一座祭壇，將各種潔淨的牲畜、飛鳥獻在壇上為燔祭。

耶和華聞到祭物發出的馨香之氣，心裡說：「我再也不因人的行為而詛咒大地了。我知道，人從小就心思邪惡。

「我絕不再像這一次，把地上的所有生物都毀掉。只要大地存留一天，地上就一定有播種，有收穫；有寒暑、冬夏和晝夜。」

上帝對諾亞和他的兒子們說：「我現在要跟你們和你們的子孫，以及地上的所有動物立約。我應許你們，所有的生物都不再被洪水毀滅。我要使彩虹出現在雲端，作為我跟世界立約的永久記號。」

大洪水過後，耶和華上帝與諾亞立了約，這是聖經所載第一次神人立約。

所謂「約」，是指「契約」或「協約」，即交往雙方為規定相互承諾的責任和義務而達成的協定。在古猶太文化中，「約」既指人與人之間訂立的約，也指上帝與人之間訂立的約。

猶太人相信，他們的上帝是負責任、守信用的神，曾多次與人立約，並始終持守其神聖的承諾。而作為立約的另一方，以色列人卻時常違背約言，追隨異神，濫拜偶像，混淆是非，犯罪行惡，以致於不時遭受刑罰，自食其咎。

耶和華與諾亞立約之際，應許不再以洪水懲罰人類，並以雨後的彩虹作為立約的標記。彩虹懸掛於雲端，展現在普天下眾人面前，示意耶和華與諾亞之約具有普世的性質。

右圖：黃昏時分，那鴿子叼著一束新擰下來的橄欖葉子，飛回諾亞身邊。

1-9 諾亞詛咒迦南

諾亞的三個兒子塞姆、漢姆和雅弗出了方舟，他們的後代散居在世界各處的平原、山區和海島上。

洪水過後，諾亞做起農夫來，種植了一個葡萄園。一天，他在園中飲酒過量，赤身裸體地倒在帳棚裡，昏昏然進入夢鄉。

迦南的父親漢姆看到諾亞赤裸的身體，就到外面去，告訴他的兩個弟兄塞姆和雅弗。

塞姆和雅弗惟恐父親著涼，連忙拿了件衣服搭在肩上，給諾亞蓋上。為了不看父親的裸體，他們倒退著進門，背著臉給父親蓋上衣服。

諾亞醒酒後，得知三個兒子所做的事，責備漢姆而讚許塞姆和雅弗。他詛咒漢姆的兒子迦南道：「迦南應當受詛咒，必給他兄的奴隸當奴隸！」

諾亞又說：「塞姆的上帝耶和華是應當稱頌的，願迦南做塞姆的奴隸。願上帝使雅弗人丁興旺，土地遼闊，能住在塞姆的帳棚裡，且以迦南為奴隸。」

大洪水過後，諾亞又活了三百五十年，直到九百五十歲時壽終而寢。

塞姆、漢姆和雅弗都生養了許多子孫，他們形成各自的宗族，在天下各處的土地和海島上立國興邦。其中塞姆的後代中有拿鶴和他拉，他拉是亞伯蘭的父親，亞伯蘭後來改名為亞伯拉罕，是希伯來人的第一代族長、猶太信仰的始祖、耶和華上帝的忠實信徒。

諾亞詛咒迦南之事繪出一幅西亞上古民族的風俗畫。這時的諾亞是個貪戀飲酒的農夫，一天他喝醉了，赤身裸體地倒頭而睡。

顯然，按當時的習俗，窺視他人的裸體是下流行為。《哈巴穀書》第2章15節稱：「給人酒喝，又加上毒物使人喝醉，好看見他下體的人有禍了!」可資旁證。普通人之間尚且如此，何況兒子漢姆看到了父親諾亞的裸體!

諾亞嚴厲詛咒漢姆的兒子迦南，說他必定「給他兄弟的奴隸當奴隸」，還要給塞姆當奴隸。此語預示了日後迦南人和以色列人的關係。

迦南人是迦南的後代，信奉多神教，崇拜巴力、亞斯他錄、亞舍拉等異教神靈，為獨尊耶和華的以色列人所痛恨。以色列人是塞姆的後代，由耶和華上帝賜予迦南之地為業，終於征服了迦南諸族，定居在他們那「流奶滴蜜」的土地上。

右圖：諾亞說：「迦南應當受詛咒，必給他弟兄的奴隸當奴隸！」

1-10 | 巴別塔

大洪水過後，諾亞的子孫在世界各地傳宗接代，人數越來越多。那時候天下只有一種語言，人們都講同樣的話。他們成群結隊地向東方遷移，走到示拿地方，發現一片廣袤的原野。

人們笑逐顏開，互相商量道：「這裡真是個好地方，咱們建一座城吧，在城中建一座塔，塔頂通天。」

「這是個好主意。在城中建造一座高塔，既能為自己揚名，又能留給後世子孫！」

「但是，這地方沒有石頭，用什麼建城造塔呢？」

大家七嘴八舌地議論著，最後決定用泥土燒成磚，用磚當石頭。至於砌牆用的灰泥，一個工匠提出，可以就地取材，拿當地盛產的石漆代替。

統一思想之後，大家立即熱火朝天地幹起來，有人做坯，有人燒磚，有人和泥，有人運料，有人造城，有人建塔。那座塔越建越高，直上雲霄。

這件事驚動了耶和華上帝，他來到現場，要觀看世人如何建城造塔。看到眼前的景象，他驚異地說：「人們如今既能建城造塔，往後再做別的事，就沒有做不成的了。」

他吩咐諸天使道：「人們能協調一致地共同行動，靠的是同一種語言。看來，我們必須變亂他們的口音，使他們的語言彼此不通。」

於是，上帝讓造塔的人說出各種各樣的話語來。由於語言不通，眾人無法交流思想，不得不停下他們手中的工作。

這座半途而廢的塔得名「巴別塔」，因為上帝在那裡變亂了人們的語言。「變亂」一詞在希伯來文中讀作「巴別」。

公元 6 世紀，教皇大格雷高里認為，有七種必遭永劫的大罪，分別是驕傲、妒嫉、憤怒、懶惰、貪財、貪食和貪色，其中又以驕傲罪居首。

按基督教的理解，耶和華之所以變亂造塔人的語言，根本原因是因他們犯了驕傲罪，狂妄得竟敢與上帝試比高。

考古學家從巴比倫遺址中發現一處古塔遺跡，斷定原為一座高達九十公尺、七層分級的廟塔，推測或許即巴別塔的原型。有文化研究者指出，巴別塔的故事以神話思維解釋了各民族語言何以不同的原因。

右圖：「……在城中建造一座高塔，既能為自己揚名，又能留給後世子孫！」

貳

亞伯拉罕和他的子孫

繼上帝創世造人和人類童年的紀事之後，舊約物語中走出一組栩栩如生的人物——亞伯拉罕、以撒、雅各和約瑟，他們是猶太民族的祖先，事跡記載於《創世紀》第12章至第50章。

以色列學者阿巴．埃班在《猶太史》中精闢地概括了他們的特點：「亞伯拉罕、以撒、雅各和約瑟的故事中既貫穿著他們是上帝選民的情感，也簡潔地敍述了塵世間的事情，使人從中看到用友愛和溫情沖淡格鬥和詭計的生活場景。

「先祖亞伯拉罕被視為兩種品德相互融合的榜樣：在與人交往中表現出來的仁慈和親切；對上帝意志的極端虔誠和恭順。」

這輯故事的語言質樸洗練，情節引人入勝，人物生動感人，描寫深刻細膩，極具激動人心的藝術魅力，令人百看不煩，百讀不厭。

2-1 | 亞伯拉罕遷徙迦南

迦勒底的吾珥住著一戶人家，家長名叫他拉。他拉有三個兒子，長子名叫亞伯蘭，後改名亞伯拉罕。亞伯蘭的妻子名叫撒拉，多年不育，沒有孩子。

他拉帶著兒子亞伯蘭、兒媳撒拉、孫子（亞伯蘭的侄子）羅德離開迦勒底的吾珥，朝著迦南方向游牧。途經哈蘭時，他們臨時居住下來。他拉在哈蘭壽終而寢，享年二百零五歲。

這時，亞伯蘭聽到耶和華上帝的呼喚：「你要離開本地、本族、父家，到我指示你的地方去。

「我要使你子孫眾多，使他們成為偉大的國家。我要賜福與你，使你的名聲遠揚。我要讓天下眾人都由於你而蒙福。

「凡祝福你的，我必賜福與他；凡詛咒你的，我必詛咒他。我要藉著你，賜福與地上的萬族。」

那年亞伯蘭七十五歲。他按照耶和華的吩咐離開哈蘭，帶著妻子撒拉、侄兒羅德，以及他們在哈蘭積蓄的財物和牲畜，浩浩蕩蕩地向迦南遷徙。

經歷長途游牧之後，他們終於抵達目的地，當時那裡居住著土著的迦南人。

他們途經示劍時，耶和華在摩利的一棵橡樹附近向亞伯蘭顯現，說：「我要把這地方賜給你的後裔。」

亞伯蘭聞訊後，在那裡為耶和華恭恭敬敬地築起祭壇，獻上供物。

此後亞伯蘭徙居於迦南境內的伯特利、艾城和南地之間，每到一處都為耶和華築壇獻祭，虔誠地向他祈求禱告。

本文是希伯來族長傳說的開端，記載了第一代族長亞伯蘭奉耶和華之命，從迦勒底的吾珥和哈蘭遷往迦南的實況。亞伯蘭的活動年代眾說紛紜，早自公元前2200年，遲至公元前1650年。吾珥和哈蘭皆兩河流域的古代名城，都被近代考古發掘所證實。迦南即今巴勒斯坦。

耶和華呼召亞伯蘭去迦南，被視為上帝揀選猶太人的最初記載。亞伯蘭攜家眷越過幼發拉底河，途經敘利亞草原進入迦南地區，被當地土著居民稱為「希伯來人」(Hebrew)，意思是「越河而來的人」。

希伯來人的後裔即今猶太人或以色列人。他們迄今認定巴勒斯坦是上帝賜予他們的家園，便典出於此。

右圖：亞伯蘭帶著家眷、財物和牲畜，浩浩蕩蕩地向迦南遷徙。

2-2 天使許願

耶和華上帝在摩利的橡樹那裡向亞伯拉罕顯現。那時天氣炎熱，亞伯拉罕坐在帳棚門口，看見三個人站在對面。

他趕緊跑過去迎接，俯伏在地，對他們說：「我主啊，我若在你們面前蒙恩，請不要離開僕人。容我打些水來，你們洗洗腳，在樹下歇息歇息。

「我再拿些餅來，你們可以加添心力，然後動身趕路。你們既然來到僕人這裡，理應如此。」

他們回答道：「就照你說的辦吧！」

亞伯拉罕急忙走進帳棚，對妻子撒拉說：「快拿出最好的麵粉來，調和做餅！」

說罷又跑到牛群裡，牽出一頭又肥又嫩的牛犢，交給僕人宰殺備飯，叫他們速速做好。

牛犢做好後，亞伯拉罕又端出奶油和鮮奶，一同擺在客人面前；自己則站在旁邊，侍奉他們吃飯。

客人問亞伯拉罕：「你妻子撒拉在哪裡？」

亞伯拉罕回答：「在帳棚裡。」

三人中的一位說：「到明年這時候，撒拉將給你生個兒子。」

撒拉在帳棚裡聽到這話，心中暗笑：「怎能發生這種喜事呢？」

耶和華對亞伯拉罕說：「撒拉為什麼暗笑？耶和華豈有辦不到的事？到了明年這時候，撒拉肯定會生一個兒子。」

第二年，撒拉果然生了獨生子以撒，那年亞伯拉罕已是百歲老人。

希伯來人自古便有「客自神來」的信念，相信即將到來的某位客人是由上帝派來的，因此，善待客人本是主人的神聖職責。有客自遠方來時，主人會高興得流下眼淚，認為此乃上帝賜予的吉祥朕兆。

當三位化身為人的天使出現在亞伯拉罕面前時，他雖不知道他們的真正身分，依然快步跑過去，俯在地上向他們行禮，繼而給他們打水洗腳，吩咐妻子立即做餅，又牽出上好的牛犢宰殺備飯，還端來奶油和鮮奶，自己則站在旁邊侍奉他們進餐——這一連串細緻入微的動作描寫，極其感人地塑造出一個熱心待客的希伯來老人形象。

右圖：「到明年這時候，撒拉將給你生個兒子。」

2-3 所多瑪、蛾摩拉的毀滅

耶和華對亞伯拉罕說：「我聽到指控所多瑪、蛾摩拉的聲音，說那兩座城裡惡貫滿盈。我要親自去看一看。」

當天晚上，兩位天使就來到所多瑪，住在亞伯拉罕的侄子羅德家裡。飯後，客人還沒有上床，所多瑪的男子就結夥圍住羅德的家，讓他交出客人。他們要與羅德的客人一同睡覺。

羅德走到房外，求告他們說：「弟兄們，你們不可做這種邪惡的事。我有兩個女兒，還是處女，我把她們交出來，任憑你們隨意處置。

「但是，你們千萬不可為難這兩個人。他們來到我的家，是我的客人，我要保護他們。」

那夥歹徒不予理睬。他們大罵羅德，想破門而入。

屋裡的兩個人伸出手來，把羅德拉進去，關好門，又使外面的男人全都瞎了眼，摸來摸去找不到門口。

天亮的時候，天使催促羅德帶上妻子和兩個女兒趕快往山上跑，因為耶和華很快就要毀滅這座罪惡之城了。天使吩咐道：「不要回頭看，也不可在山谷中停留！」

太陽出來的時候，羅德帶著家人跑到瑣珥。突然間，耶和華把燃燒著的硫磺降於所多瑪和蛾摩拉城。他毀滅了這兩座罪惡之城，使整個平原都濃煙滾滾，如同燒窯一般。

羅德的妻子在後面好奇地回頭一看，馬上變成一根鹽柱。

本文是《舊約》中著名的懲惡揚善故事。通過所多瑪、蛾摩拉兩城因罪孽深重被耶和華降天火焚燒，惟獨善良的羅德得以活命之事，說明犯罪作惡者最終難逃覆亡的命運，只有仁慈的好心人才能脫離險境。

一些西方考古學者提出，這兩座古城的遺址在今死海南端的淺水之下，它們毀滅的直接原因是地震引起的爆炸和大火。該地區到處有瀝青和硫磺，極易燃燒；約旦河谷充滿巨大的裂縫，時常發生地震；地震會將大量易燃氣體射向天空，亦使瀝青滲出地面；閃電則把各種易燃物品點著，使整個地區被一片火海吞噬。

西方人把「所多瑪和蛾摩拉」視為「罪惡的淵藪」。由「所多瑪」(Sodom)衍生出的「所多糜」(Sodomy)指代男性在性關係方面的反常行為，如同性戀、雞姦、獸交等。

右圖：耶和華把燃燒著的硫磺降於所多瑪和蛾摩拉城。

2-4 │ 夏甲母子被驅逐

耶和華按照先前的應許眷顧撒拉。亞伯拉罕年老之際，撒拉懷了孕，到上帝所說的日期，果然生下一個兒子。

亞伯拉罕給這個兒子起名叫以撒。以撒出生時，亞伯拉罕一百歲。他是亞伯拉罕和撒拉的獨生子，出生第八日，亞伯拉罕就照著上帝的吩咐，為他行了割禮。

撒拉老年生子，喜不自禁。她說：「上帝使我喜笑顏開。凡聽到這事的，必定會和我一同快樂！」

她又說：「誰能預先對我丈夫說『撒拉要哺育嬰兒』呢？在他老年的時候，我居然給他生下一個兒子！」

孩子漸漸長大。到了斷奶的日子，亞伯拉罕擺設豐盛的筵席，闔家歡樂。這時，撒拉看見埃及使女夏甲所生的兒子在一旁戲笑，感到很掃興。

原來，十幾年前撒拉因自己不生育，曾把埃及使女夏甲送給丈夫為妾。夏甲給亞伯拉罕生了一個兒子，亞伯拉罕為他起名叫以實瑪利，那年亞伯拉罕八十六歲。

現在撒拉有了自己的兒子，覺得以實瑪利左右不順眼。她對丈夫說：「你若看重我，就把這個使女和她的兒子趕出去，因為使女所生的兒子不可與我兒以撒一同繼承家產。」

亞伯拉罕很為難，不願把夏甲母子趕出家門。

耶和華勸他聽從撒拉的話，因為將來「只有從以撒生的，才能稱為你的後裔」，「至於使女的兒子，我也必定使他的後代成為一國」。

既然上帝這樣說，亞伯拉罕清早起來，就拿出麵餅和一皮袋水，搭在夏甲肩上，又把孩子交給她，打發他們離開家門。

《創世紀》對夏甲的記載生動地描繪出希伯來人的家庭生活場景。儘管亞當、諾亞、以撒、約瑟、摩西等著名人物都終生只娶一個妻子，《舊約》並未禁止一夫多妻制。相反，從亞伯拉罕開始，多妻者就大有人在，大衛、所羅門甚至妻妾成群。

之所以不禁止多妻，直接原因是勢單力薄的希伯來民族渴望人口繁盛。亞伯拉罕就是在妻子撒拉不能生育的情況下，經她提議而納其埃及使女夏甲為妾的。

但多妻的家庭常常會有失和睦，妻妾之間難免明爭暗鬥。夏甲因生養以實瑪利而趾高氣昂；撒拉生了以撒後，便對以實瑪利左看右看不順眼，終於迫使丈夫將其母子逐出家門。

右圖：亞伯拉罕打發夏甲母子離開家門。

2-5 | 夏甲母子流落曠野

這已是夏甲第二次離開家門。

頭一次是在十幾年前。她被亞伯拉罕納為妾，與主人同房後懷了身孕，感到揚眉吐氣，一時間竟不把主母撒拉放在眼裡。

撒拉覺得受了委屈，便不遺餘力地虐待她，使她不堪其苦而逃出家門。

一個天使在曠野的水泉邊遇到夏甲，問清實情後勸她回家，讓她俯伏在主母面前。天使說：「耶和華必使你的後裔極其繁多，不可勝數。」

又說：「你將生下一個兒子，要給他起名叫以實瑪利。他為人必像野驢；他要攻打別人，別人也要攻打他。他必住在眾弟兄的東邊。」

夏甲聽從天使的吩咐，乖乖地回到家中。

這次，夏甲母子是被丈夫趕出家門的。

她在別是巴的曠野迷了路，麵餅吃光了，皮袋裡的水也喝盡了，眼看就要饑渴而死。她把孩子撇在小樹底下，自己走出一箭之地，母子相對而坐，悲傷地放聲大哭。

上帝的使者從天上呼喚夏甲，說：「夏甲，不要哭，也不要害怕，上帝已經聽見孩子的聲音。起來！把孩子抱在懷裡，我必使他的後裔成為大國。」

夏甲的眼睛明亮了，看到不遠處有一口水井，便去用皮袋打水，給孩子喝。

以實瑪利在上帝的保佑下漸漸長大，成了一名弓箭手，住在巴蘭的曠野。他母親給他娶了一個埃及女子做妻子。

讀者從夏甲故事中得知，她的兒子以實瑪利其實是亞伯拉罕的長子，即以撒的同父異母兄長。不幸的是，以實瑪利的母親夏甲僅是丈夫的妾，在家中比撒拉矮一頭，因此以實瑪利無權佔據長子位置，後來甚至被趕出去，險些喪命於荒野中。

照一種流行很廣的傳說，以實瑪利的後代即當今的阿拉伯人。倘若屬實，至今依然尖銳激烈的阿以衝突似能追溯出某種歷史根源：早在數千年前，阿拉伯人祖先和以色列人的祖先就不曾在同一片天空下和平共處！

人們似乎更有權利呼喚這兩個民族化干戈為玉帛，重溫同宗共祖的手足之情，進而重新回到同一個上帝的懷抱。畢竟，夏甲是蒙受耶和華賜福才生下以實瑪利的，以實瑪利也是在耶和華的福佑下才遇難呈祥，脫離死境，在曠野中長大成人，後裔也成了強盛的民族。

右圖：夏甲在別是巴的曠野迷了路，……放聲大哭。

2-6 燔祭獻子

上帝要考驗亞伯拉罕，呼叫他說：「亞伯拉罕！」

亞伯拉罕回答：「我在這裡！」

上帝說：「你帶上獨生子以撒，到摩利亞去，在我指示你的山上把他獻為燔祭。」

第二天一早，亞伯拉罕劈好獻祭用的木柴，放在驢背上，帶著以撒和兩個僕人，一起往耶和華指示的地方去。第三天，亞伯拉罕遠遠看到那地方，就對僕人說：「你們牽著驢子留在這裡，我要帶孩子去那邊祭拜，隨後就回來。」

亞伯拉罕叫以撒背上獻祭用的木柴，自己拿著刀和火種，向目的地走去。父子二人正在行走時，以撒問道：「父親啊，火種和木柴都有了，獻祭用的羔羊在哪裡呢？」

亞伯拉罕回答：「我兒，上帝會親自預備獻祭用的羔羊的。」兩人一面說話，一面繼續往前走。

他們來到上帝指示的地方。亞伯拉罕築起祭壇，把木柴堆在上面，又捆綁起獨生子以撒，放在祭壇的木柴上。然後舉起刀，要殺死兒子。

就在這時，耶和華的使者從天上呼叫他：「亞伯拉罕！亞伯拉罕！不要下手，不可傷害孩子。現在我已經知道你是敬畏上帝的，因為你沒有把獨生子留下來不給他。」

亞伯拉罕向四周觀望，看見一隻公羊，羊的兩角纏在樹叢裡。他走過去，把羊解下來，用它代替兒子，獻為燔祭。

亞伯拉罕稱那地方為「耶和華以勒」，意思是「耶和華必預備」。後來人們常說：「在耶和華的山上，他自會預備。」

「燔祭獻子」是古猶太文化遺產中令人驚心動魄的一頁。亞伯拉罕對上帝極端虔誠，無比恭順，竟然達到不惜親手將獨生子以撒獻為燔祭的程度。由此，他深得後世猶太人和基督徒的敬重，被尊為信心的先驅和楷模。

眾所周知，基督教誕生後對猶太傳統進行了多方面的重大變革。然而，「亞伯拉罕」之名不但在《舊約》中出現二百多次，在《新約》中也出現了七十多次——基督徒對亞伯拉罕的認同和景仰由此可見一斑。

歷史學家指出，以長子敬神的風俗曾長期流行於美索不達米亞、敘利亞和迦南一帶，這篇「燔祭獻子」便提供了古代殺人祭神儀式的形象化材料。

右圖：亞伯拉罕回答：「我兒，上帝會親自預備獻祭用的羔羊的。」

2-7 安葬撒拉

以撒的母親撒拉一百二十七歲時壽終，死在迦南的希伯侖。亞伯拉罕為她痛哭哀號，哭罷對當地的赫人說：「我寄居在你們中間，求你們給我一塊地，讓我埋葬死者，使她不至於暴屍荒野。」

赫人回答道：「我主請聽。你在我們中間如同尊貴的王子一般，請隨意擇地埋葬你的死者吧，我們中間沒有一個人不情願。」

亞伯拉罕聞言向那些赫人下拜，禮貌地說：「你們若有意成全我，就請瑣轄的兒子以弗侖把田頭那個麥比拉洞給我吧。我按實足的價錢買下來，當成我家的墳地。」

以弗侖聽了這話，客客氣氣地當眾回答：「哪裡用得著買呢？我把那塊田連同其中的洞都送給你，你就安葬死者吧。」

亞伯拉罕又一次向赫人下拜，對以弗侖說：「你若應允，就請收下我的田價。」

以弗侖答道：「那塊田只值四百塊銀幣，算不了什麼。你儘管安葬死者吧！」

於是，亞伯拉罕稱了四百塊銀幣給以弗侖，買了那塊田，以及其中的洞和四周的樹木。在赫人面前，他當著從城門口出入的眾人之面，辦妥了這件事。

隨後，亞伯拉罕把妻子撒拉安葬在麥比拉田間的洞裡，那塊田在迦南的希伯侖。

從此以後，麥比拉洞便成為亞伯拉罕家族祖傳的墳地，亞伯拉罕、撒拉、以撒、利百加、雅各死後都葬在那裡。

「安葬撒拉」是亞伯拉罕傳說的一個片段，具有很強的傳奇性。

為了增強猶太同胞的民族自豪感，激發他們自尊自愛自強的民族情感和自信心，猶太文人常常懷著眷戀之心回首本民族的歷史，沈醉於吟誦它的遠古和卓越，以致為它的古代英雄塗上濃郁的傳奇色彩。

在本文作者筆下，亞伯拉罕是深得迦南土著居民敬重的老人，「如同尊貴的王子一般」。他提出購買墳地，那塊地的主人以弗侖竟高興地拱手相送：「哪裡用得著買呢？我把這塊田連同其中的洞都送給你。」

猶太人自古篤信迦南是耶和華上帝賜給他們的家園，依據之一即其先祖亞伯拉罕、撒拉、以撒、利百加、雅各等都長眠在那裡。那麼希伯來民族的遠祖是如何找到長眠之地的？這篇短文提供了聲情並茂的注釋。

右圖：亞伯拉罕把妻子撒拉安葬在麥比拉田間的洞裡。

2-8 | 老僕人和利百加

亞伯拉罕越來越老了，想給兒子以撒完婚。他對管理家產的老僕人説：「請你把手放在我的大腿底下，指著天地的主耶和華起誓：要回到我的故鄉去，在親族中為我兒子以撒娶一個妻子。」

老僕人問：「如果女孩子不願離開本家，跟我到這地方來，怎麼辦呢？我可以帶你的兒子回你故鄉去嗎？」

亞伯拉罕回答：「你不能把我兒子帶到那裡。天上的主耶和華帶我離開故鄉，向我許諾把這片土地賜給我的後代。他會派遣使者先去預備，使你能在那裡為我的兒子娶回妻子。」

於是老僕人就把手放在亞伯拉罕的大腿底下，發誓要照主人交待的去做。

那僕人選出十頭駱駝，帶了主人的各種財寶，到美索不達米亞的北部去。那裡有亞伯拉罕的弟弟拿鶴住過的城。

他到達預定的地方後，讓駱駝跪在城外的井邊。這時天已黃昏，正是婦女們出來打水的時候。他禱告道：「耶和華，我主人亞伯拉罕的上帝啊，求你給我機會，求你持守你對我主人的應許。

「我現在正站在井邊，城裡的女孩子都會來這裡打水。求你從中為你的僕人以撒選出一個妻子。」

他的禱告還沒結束，利百加就扛著水瓶來到井邊。她是彼土利的女兒，彼土利是拿鶴的兒子。

利百加是個美麗的女孩子，還是個處女。她下到井邊，把水瓶裝滿水，再提上來。

老僕人迎上前去，對她説：「能給我一點水喝嗎？」

「老僕人和利百加」展示了希伯來人的「族內婚」或近親結婚習俗。

一個人口稀少的民族如何避免被異族同化？希伯來人的基本經驗是：在本民族範圍內通婚，最好在表親或堂親之間通婚。以撒和利百加之間就有這種關係：利百加原是以撒的表侄女。

此類婚姻得到推崇，顯而易見，首要原因是它能保證家族血緣的純潔性和姓氏的單一性；同時，還能避免家族財產外流。

這篇短文又一次表達了希伯來人「以迦南為故鄉」的信念：當老僕人詢問是否允許以撒去遙遠的女方家做「倒插門女婿」時，亞伯拉罕斷然拒絕，堅稱，必須把女孩子帶回這塊上帝賜給希伯來人安家的土地。

2-9 | 以撒迎娶利百加

利百加對老僕人說：「快請喝吧！」說著放下肩上的水瓶，托在手上讓他喝，還讓老僕人的駱駝也喝。

駱駝喝足後，老僕人拿出一個貴重的金環，戴在女孩子的鼻子上，又拿出一對金手鐲，扣在她的手腕上。他問道：「請告訴我，你父親是誰？你父親家裡有地方讓我們過夜嗎？」

利百加回答：「我父親是拿鶴的兒子彼土利。我們家有許多草料，也有讓你們住宿的地方。」那女孩子跑回家，把剛剛發生的事告訴家裡的人。利百加的哥哥拉班連忙跑到井邊，把亞伯拉罕的老僕人請回家。

老僕人說明來意，希望拉班和彼土利同意他帶走利百加，給以撒做媳婦。

拉班和彼土利回答：「這件事既然是耶和華的安排，我們還能說什麼？利百加在這裡，你可以帶走她，讓她照耶和華的安排，做你主人的兒媳婦。」

他們又問利百加：「你願意跟這人去嗎？」

利百加回答：「我願意。」

於是亞伯拉罕的僕人就把貴重的禮物送給利百加、她的哥哥和母親，然後帶著利百加踏上回鄉的行程。

臨行時，家人祝福利百加：「願你成為千萬人的母親！」

那天傍晚以撒正在田間散步，發現駱駝隊回來了。利百加看到以撒，向老僕人問道：「那個從田間走來的人是誰？」

老僕人回答：「是我的小主人。」

利百加連忙用面帕遮住自己的臉。

以撒和利百加喜結良緣。以撒很喜歡利百加。自從母親撒拉去世後，他直到這時才得到安慰。

「以撒迎娶利百加」像一幅意味雋永的風俗畫，描繪出令人陶醉的希伯來婚俗：擇偶時不能就近選擇異族女子，而寧可到千里之外尋求本家族的女子；求婚時要向女孩子贈送貴重禮物，還要向女方家長贈送禮物；求婚的成功被視為得到了上帝恩助；女孩子須自主表示對其婚姻的態度；女孩子動身去婆家時，家長們要對她做出子孫眾多的祝福；待嫁女初次見到未婚夫時，要用面帕蒙上臉，等等。

故事中的老僕人淳厚、善良、忠心耿耿，利百加美麗、純真、熱情好客，都使讀者產生極佳的審美感受。

右圖：……利百加連忙用面帕遮住自己的臉。

2-10 雅各欺父

以撒和利百加結婚後生下一對雙胞胎。哥哥以掃渾身長毛，像穿了毛皮衣，愛好戶外活動，長大後成為熟練的獵人；弟弟雅各性情安靜，常呆在家裡。以撒偏愛以掃，喜歡吃他打來的野味；利百加卻偏愛雅各。

雅各自幼狡黠機智，曾利用哥哥以掃饑餓難忍之機，用一碗紅豆湯換來他的長子權利。

以撒晚年老眼昏花，讓以掃出門打獵，做成美味佳肴給他吃，使他能在臨死前為長子祝福。利百加聽到以撒對以掃所說的話，就趁以掃出去打獵之機，讓雅各從羊群中捉來肥嫩的小山羊。她要照以撒的口味燒好，讓雅各端去給他吃，使他臨死前能為雅各祝福。

為了掩蓋雅各的氣味和他光滑的皮膚，利百加找出以掃的衣服給他穿，又用山羊毛裹起他的手臂和脖頸的光滑處。

雅各把母親燒好的肉和烤好的餅端給以撒，請他吃後為自己祝福。

以撒覺得兒子回家太快，心生疑竇，說：「我兒，過來，讓我摸一摸，你真是以掃嗎？」

雅各走了過去。以撒摸了摸，說：「聲音是雅各的聲音，手卻是以掃的手。」他又追問了一遍：「你真是以掃嗎？」

雅各回答：「是啊！」說著就把美味端過去，又把酒遞給父親喝。

「雅各欺父」構思巧妙，一波三折，極富戲劇性。以撒視覺不靈，難辨長幼，致使雅各有機可乘；但他聽覺尚好，又從雅各的口音中生出疑團；雅各改不了口音，卻能精心改變服飾，騙過以撒的健全觸覺和嗅覺，終使詭計成功，得到父親對長子的祝福。無論情節、結構還是語言，這篇短文都顯示出作者講故事的傑出才能。

右圖：以撒摸了摸，說：「聲音是雅各的聲音，手卻是以掃的手。」
後圖：局部

以撒說：「我兒，你過來親親我！」雅各就走過去，親了他。他一聞到雅各所穿衣服上的長子氣味，就祝福道：「願上帝從天上賜給你甘霖，使你的土地肥沃……。」

雅各得到祝福之後，剛剛離開，他哥哥以掃就打獵回到家，也燒好了美味端給父親，求他祝福。

以撒明白受了騙，只得告訴以掃：「你弟弟已經奪去你的福分。」

以掃憤怒地說：「這是他第二次欺騙我。他已經騙走我長子的權利，現在又奪去我的福分！」

2-11 雅各的天梯

以掃因自己的長子名分和福分被雅各奪去，對他懷恨在心。他說：「我為父親居喪的日子快到了，到時候我要殺死雅各！」

有人把這話傳給利百加。利百加打發人叫來雅各，對他說：「你哥哥以掃要殺死你，報你奪了他福分的仇。我兒，現在你要聽話，趕快逃到哈蘭你舅舅拉班家去吧！

「你在那裡同他們住些日子，直到你哥哥消了氣，忘掉你向他做過的事。到那時，我再找人把你接回來。為什麼老人死時，還要搭上個孩子呢？」

為了使丈夫也支持雅各出逃，利百加又心生一計，對以撒說：「迦南的赫人女子真讓人厭煩，若雅各要娶這樣的女子為妻，我活著還有什麼意思！」

以撒聞言叫來雅各，囑咐他道：「你不要娶迦南的女子為妻。動身到巴旦亞蘭去，從你外祖父彼土利家裡，從你舅舅拉班的女兒中娶個妻子吧！」

於是雅各離開家門，出了別是巴，向哈蘭走去。

他路過一個名為路斯的地方，因日落天黑不便再前行，就在那裡露宿。他揀起一塊石頭枕在頭下，昏昏沈沈地進入夢鄉。

他夢見一個梯子立在地上，梯子的上端頂著天，許多天使踏著梯子上上下下。耶和華站在他旁邊，對他說：「我是你祖父亞伯拉罕的上帝，也是以撒的上帝。現在我要把你躺臥的地方賜給你和你的後裔。」

雅各從睡夢中驚醒，說：「這地方何等可畏，乃是上帝的殿和高天的門！」他把所枕的石頭立作柱子，澆上油，給那地方改名叫伯特利，意思是「上帝的殿」。

「雅各的天梯」記述了雅各獲罪於兄長以掃之後，從別是巴逃往哈蘭途中在夢境所見的一幅異象。這幅異象因再次述及耶和華向希伯來族長的應許而具有特別的重要性。此前，耶和華已多次向亞伯拉罕應許(參見《創世紀》12:1-3；13:14-17；15:5；13:3-8；22:17-18 等)，內容皆為後裔繁多，永居迦南及四周之地。

諸如此類的記載使猶太人自古深信不移：迦南，即今巴勒斯坦，本是上帝賜給猶太民族的家園。

右圖：他夢見一個梯子立在地上，……許多天使踏著梯子上上下下。

2-12 | 雅各和拉結

雅各來到東方人之地，在田間看到一口井，有牧羊人從井中取水給羊喝。他問那些牧人：「弟兄們，你們從哪裡來？」他們回答：「從哈蘭來。」

雅各問：「你們認識拿鶴的孫子拉班嗎？」

回答：「認識！」又問：「他好嗎？」

他們回答：「他很好。你看，他的女兒拉結趕著羊群過來了。」就在這時，拉結趕著羊群來到井邊。

雅各一見拉結和舅舅拉班的羊群，就去搬開井口的石頭，給羊喝水。然後他與拉結親嘴，激動地哭起來。雅各告訴拉結：「我是你父親的外甥，是利百加的兒子。」

拉結跑回家，告訴她父親。拉班聽說外甥雅各來了，連忙出門迎接他，擁抱他，親他，把他接到家裡。

雅各把所有的經過都告訴拉班。拉班說：「你真是我的骨肉之親！」

雅各在那裡住了一個月。有一天，拉班對雅各說：「你雖然是我的至親，卻也不能白白為我幹活。告訴我，你要多少工錢？」

拉班有兩個女兒，大的叫利亞，小的叫拉結。利亞的眼睛沒有神采，拉結則長得美麗動人。

雅各深愛拉結，因此要求道：「把拉結嫁給我吧，我可以為你工作七年。」

拉班爽快地回答：「好吧，我同意把她嫁給你，嫁給你比嫁給誰都強。你就在我家住下來吧！」

為了娶拉結，雅各為拉班做了七年工。他覺得七年似乎只有幾天，轉眼就過去了，因為他很愛拉結。

雅各娶妻的故事仿佛是以撒迎娶利百加的翻版。物換星移，現在，以撒的兒子雅各也到了娶妻之年。但時而境未遷，故事仍發生在當年老僕人為以撒求親地方，甚至仍發生在一口井邊。

如前所述，希伯來人推崇家族內通婚。在堂表親之間，男方如果提出與女方結婚，女方家長一般不得將女兒另嫁他人。拉班對雅各的答復印證了這一點：「我同意把她嫁給你，嫁給你比嫁給誰都強。」

但男方娶妻必須付出代價，若無聘禮也可用勞役代替。雅各為了娶拉班女兒，先後給他白做了十四年活，創造出大量的物質財富。

右圖：為了娶拉結，雅各為拉班做了七年工。

68

2-13 雅各回鄉

雅各在舅舅拉班家居住了二十年，與拉班的兩個女兒利亞、拉結及其使女悉帕和辟拉相繼生養十二個兒子和一個女兒，並牧養大群牲畜。

後來，雅各準備行裝，想要回迦南他父親以撒的家裡去。他帶領妻妾兒女，趕著自己的牲畜，帶上他在巴旦亞蘭積累的財產，趁拉班不在家時踏上歸途。

三天後拉班聽說雅各逃走了，連忙帶著族人追趕他。追上以後，他質問雅各：「你為什麼瞞著我，把我女兒像俘虜一樣地帶走呢？為什麼要一聲不響地溜走呢？」

雅各回答：「我是惟恐你把女兒從我身邊奪去，才逃走回家的。我在你家這二十年，你的綿羊和山羊沒有掉過胎，你的羊我一隻也沒有吃過。

「我白天受盡炎日的煎熬，夜間備嘗寒霜的侵襲，常常整夜不得安睡。我在你家整整做了二十年工，為娶你的兩個女兒，我服侍你十四年；並牧養你的羊群，又服侍你六年。而你卻十次減少我的工錢。」

拉班說：「罷了，既然我留不住你，留不住我的女兒和孫兒，不如跟你立個契約。我們堆個石堆吧，用來紀念所立的約。」

於是雅各叫人堆起一堆石頭。拉班用亞蘭語稱之為「伊迦爾撒哈杜他」，雅各用希伯來語稱之為「迦累得」，意思都是「令人回憶的石堆」。

拉班離去後，雅各一行繼續趕路。即將進入哥哥以掃的地界時，雅各聽說以掃正帶領四百人從對面的山上向這裡行進。雅各驚恐不安地向上帝禱告：「耶和華啊，求你救救我，莫讓我和妻子兒女被哥哥以掃殺死。」

朱維之先生認為，雅各為拉班牧羊的故事說明，「當時已出現剝削和剩餘產品，希伯來人的氏族社會解體，開始步入奴隸社會。」雅各「白天受盡炎日的煎熬，夜間備嘗寒霜的侵襲，常常整夜不得安睡」，且十次被剋扣工錢——活脫脫就是個家庭奴隸。

然而，雅各卻在末後的六年憑藉心計、法術、精明能幹的性格和強健的體魄贏得大群牲畜，終於浩浩蕩蕩地踏上返鄉之途。

雅各這一時期的更大收穫在於妻妾成群、子女滿堂。他和利亞、拉結及其使女悉帕、辟拉先後生養了十二個兒子，他們的子孫成為後世著名的以色列十二支派。

右圖：雅各向上帝禱告：「……莫讓我和妻子兒女被哥哥以掃殺死。」

2-14 雅各改名「以色列」

當天夜裡，雅各忙著給哥哥以掃準備禮物：母山羊二百隻、公山羊二十隻、母綿羊二百隻、公綿羊二十隻、母牛四十隻、公牛十隻、母驢二十匹、驢駒十匹，另加母駱駝三十頭，全都尾隨著小駱駝。

雅各把這些牲畜交給僕人，吩咐道：「見了我哥哥以掃，就說這是雅各送給他的禮物，他本人很快就到。」

隨後，雅各把兩個妻子、兩個妾和十一個兒子送過雅博渡口，又把所有的家產運過河，自己一個人留在後面。

這時有個人來跟雅各摔交，一直摔到天色將明。那人見自己勝不過雅各，就在他的大腿窩上扭一把，使雅各的大腿脫臼。

那人說：「天快亮了，放我走吧。」

雅各回答：「你不祝福我，我就不放你走。」

那人問：「你叫什麼名字？」

回答：「雅各。」

那人說：「從此以後你不要再叫雅各了，要改名『以色列』，因為你與上帝與人較力，都得了勝。」

雅各問：「請告訴我，你叫什麼名字？」

那人回答：「不必問我的名字。」接著就為雅各祝福。

雅各驚呼道：「我面對面見了上帝，仍然活著！」於是給那地方取名「毗努伊勒」，意思是「上帝的面」。

雅各離開毗努伊勒的時候，太陽剛剛出來。由於大腿脫臼，他是跛著腳離開的。

直到今天，以色列的後代不吃大腿窩的筋，因為雅各的大腿窩被扭傷過。

這篇傳說記載了「以色列」之名的來歷。

亞伯拉罕家族初到迦南時，被當地居民稱為「希伯來人」，意思是「來自大河那邊的人」，大河指幼發拉底河。據此，亞伯拉罕是希伯來人的第一代族長，他的兒子以撒是第二代族長，以撒的兒子雅各是第三代族長。

然而，雅各又兼為以色列人的祖先，從他開始，亞伯拉罕的後代又有了「以色列人」之稱。原因何在呢？原來，雅各曾與化身為人的天使摔交，勝了天使，被天使改名為以色列，意謂「與上帝與人較力得勝者」。

由於那次摔交時雅各被扭傷了大腿窩的筋，後世猶太人忌食牛羊大腿的筋。中國古代的開封猶太人由此得名「挑筋教」。

右圖：這時有個人來跟雅各摔交，一直摔到天色將明。

2-15 ｜ 兄弟和解

雅各與化身為人的天使摔交之後，從後面追上自己的妻子兒女。他向遠處眺望，看見以掃帶著四百人向這邊走來。

他把孩子們分別交給各自的母親，再把家眷分成三組：前頭是兩個使女及其孩子，中間是利亞和她的孩子，後面是拉結和約瑟。

雅各走在眾人最前面，一連七次俯伏在地，才到達哥哥面前。以掃趕緊向前走幾步，迎上去和弟弟擁抱，又摟著他的脖子，與他親吻。這對孿生兄弟一別二十載，此刻禁不住熱淚盈眶，以往的怨恨轉瞬之間冰融雪消。

以掃看到婦女和孩子們，問雅各：「這些與你同行的人是誰？」

雅各回答：「這些孩子都是上帝恩賜給你僕人的。」聽到這話，兩個使女帶著孩子前來下拜，利亞也帶著孩子前來下拜，最後，拉結和約瑟也俯伏在地，向以掃下拜。

以掃又問：「我在路上遇到的那些牲畜是怎麼回事？」雅各回答：「那是我送給我主的禮物，為的是在我主面前蒙恩。」

以掃說：「兄弟啊，不必如此，我的牲畜已經足夠了，你的仍舊歸於你吧。」

雅各說：「不可。倘若我在你眼前蒙恩，就請你收下這些禮物，因為我見了你的面，就如同見了上帝的面。是上帝恩待我，我才能財物充足啊。」由於雅各再三請求，以掃只好收下禮物。

兩個弟兄又暢談一陣，隨後以掃起身返回西珥，雅各則帶家眷去了疏割。就這樣，雅各從巴旦亞蘭平安地回到迦南的故鄉。

《創世紀》的作者擅長以真摯感人的親情打動人心。誠樸易欺的以掃被狡黠機智的雅各一騙再騙，先失去長子的名分，又失去父親對長子的祝福，以致在烈怒中揚言殺死雅各。雅各自知理屈，倉皇逃亡於遙遠的舅父拉班家，一避就是二十年。

二十年過去了，雅各即將重進家門。這時，深受傷害的兄長會原諒他嗎？雅各擺好負荊請罪的架式，先派人送去貴重的禮物，又俯伏在地，接連七次向以掃叩拜。以掃則迎上前來，和雅各緊緊擁抱，又摟住他的脖子，和他動情地親吻。

還有什麼昔日的怨恨，不能在兄弟相擁的熱淚中前嫌盡釋？目睹這感人的一幕，哪個讀者不從中得到一次心靈的淨化？

右圖：以掃……和弟弟擁抱，又摟著他的脖子，與他親吻。

2-16 約瑟被賣為奴

在所有的兒子中，雅各最疼愛約瑟，因為約瑟是他年老時生的，而且由拉結生養成人。雅各惟獨給約瑟縫製了彩色的外袍。

約瑟的哥哥們看到父親偏愛他，就憎惡這個弟弟，不以溫和的態度與他說話。

一次約瑟做了一個夢，把夢告訴哥哥們，他們聽後更恨他。他說：「我夢見我們都在田裡捆麥子，我的麥捆站在中間，你們的麥捆圍著我的下拜。」

哥哥們問道：「你要做王統治我們嗎？」

後來約瑟又做了一個夢：「我看見太陽、月亮和十一顆星星都向我下拜。」

父親得知後責備道：「這算什麼夢呢？你想讓你母親、哥哥們和我都向你下拜嗎？」

哥哥們愈加嫉恨他。

有一天，哥哥們到示劍去放羊，雅各讓約瑟去看望他們。約瑟來到示劍，在野外迷了路；他打聽到哥哥們去了多坍，又追尋到那裡。

哥哥們遠遠就看見了約瑟。他們合謀殺死他，彼此說：「那個做夢的來了。我們殺掉他，把屍體丟在枯井裡，就說他被野獸吃掉了，看他的夢還能不能實現！」

雅各的長子呂便聽到眾人的陰謀，很想救約瑟，就說：「我們把他丟進枯井吧，不要傷害他。」大家同意了。約瑟走近時，他們七手八腳地抓住他，脫掉他那件彩色的外袍，把他丟進曠野的一口枯井裡。

不久，以實瑪利人的駱駝商隊從那裡經過，哥哥們把約瑟從枯井裡拉出來，以二十塊銀子的代價賣給了他們。那些商人把約瑟帶到埃及去。

約瑟故事中的人物給人以極大的真實感。其中不存在善與惡的絕對對立，既沒有十全十美的完人，也沒有一無是處的歹徒。

約瑟在埃及表現出高尚的品行、出眾的人格和卓越的治國才幹，但年輕時卻嬌生慣養，妄自尊大，不僅遭到哥哥們忌恨，甚至為嬌慣他的父親雅各所不滿。

他的哥哥們一氣之下對弟弟犯下罪行，其實，他們原本也善良而正直。值得注意的是，作者對哥哥們犯罪的描寫沒有簡單化。他們起初要殺掉約瑟，後來覺得太殘忍，又改變主意把他賣掉；十個哥哥並非鐵板一塊，其中呂便具有較多的同情心；為了減輕父親失去愛子的悲慟，他們合謀將骨肉相殘偽裝成一次意外災禍。可見，罪行的夜幕上依然透露出善良人性的星光。

右圖：那些商人把約瑟帶到埃及去。

2-17 約瑟解夢

以實瑪利人把約瑟帶到埃及，賣給法老的侍衛長波蒂法。波蒂法的妻子一再引誘約瑟與她同寢，每次都遭到拒絕。她氣極敗壞地誣衊約瑟品行不軌，致使他被抓起來，關進監牢。

監牢裡還關押著法老王的大司酒和御膳長。一天夜晚，他們都做了奇怪的夢，因不解其意而悶悶不樂。

約瑟問清緣由後，為他們分別做出解釋。後來的情況確如約瑟的預告：大司酒官復原職，御膳長則被砍了頭。

兩年後法老也做了奇怪的夢。他先看見七頭肥壯的母牛，又看見七頭瘦弱的母牛，接著看見那七頭肥牛被七頭瘦牛吃掉。

法老從夢中驚醒。隨後又睡著，做了另一個夢：先看見七枝飽滿的麥穗，又看見七枝枯瘦的麥穗，接著看見那七枝飽穗被七枝枯穗吞下去。

法老不知其意，煩燥不安。他派人召來埃及所有的巫師和占星家，卻沒有人能解釋。這時，大司酒想起了約瑟，連忙向法老舉薦。法老派人召來約瑟。

約瑟聽法老述夢後，解說道：「這兩個夢有相同的意思：肥牛和飽穗都代表豐收年，瘦牛和枯穗都代表災荒年，七則代表七年。

「也就是說，埃及各地馬上就有七個豐收年，接著又有七個災荒年，災荒年到來時饑餓將充斥全國，使人再也想不起先前有過的豐收年。

「因此，陛下應該起用有智慧的人管理國政，豐收年間廣積糧食，以備災荒年間的需要。」

法老驚嘆道，上帝既然把如此奧妙之事啟示給約瑟，還有誰比他更有智慧呢？於是任命他做埃及的宰相，職位僅次於法老。

約瑟故事的敘述者在表現主人翁坎坷波折的人生際遇時，別出心裁地設計了他的五次說夢。它們都發生於主人翁命運的轉折關頭，從而成為情節發展的重要契機。前兩次是約瑟年輕時說自己的夢。因出言不遜，他招致哥哥們嫉恨，一夜之間由父母的寵兒變為落難異鄉的奴隸。第三、四次是他在埃及的監牢裡為大司酒和御膳長說夢，因解說靈驗被引薦到法老面前，擺脫了被囚禁之境。最後一次是他為法老說夢，解說得令法老及眾人口服心服，竟至被任命為埃及宰相，治理埃及全境。

借助說夢，《創世紀》的作者寫出美妙動人的傳說故事，豐富了猶太文學遺產的寶庫。

右圖：約瑟解釋道：「這兩個夢有相同的意思……。」

2-18 約瑟與兄弟們相認

約瑟在埃及當宰相後，於七個豐收年時廣積糧食，使舉國上下糧盈倉滿。隨後饑荒年到來，天下各處災情嚴重。

人們從四面八方來埃及買糧，約瑟的哥哥們也在其中。約瑟認出了他們，對他們進行各種考驗，證實他們原本天性善良；雖然早年做過出賣弟弟的錯事，現在已經幡然悔悟，勿須繼續施以懲罰。

在小弟弟便雅憫遇到淪為奴隸的危險時，為了使老父親雅各不再遭受喪失幼子的打擊，猶大挺身而出，毅然要承受小弟弟的厄運。

他對身為埃及宰相的約瑟說：「我主啊，我們父親的生命跟這孩子的命運緊緊相連。如果我們沒有帶回這孩子，他一定會喪命。那樣，我們豈不使老父親白髮蒼蒼、淒淒慘慘地進了墳墓？

「我來時曾向老父親擔保，如果沒有把這孩子帶回去，甘願終生承擔罪責。所以，我主啊，我願意留在這裡，替這孩子做你的奴隸。

「請讓他跟他的哥哥們一同回去吧！他如果沒回去，我怎能回去見老父親呢？我不忍心看到老父親遭遇災難。」

約瑟聽到這裏，再也無法抑制自己的感情。他讓侍從們離開，然後號啕大哭，說：「我是約瑟啊！老父親還健康嗎？我就是你們的弟弟，被你們賣到埃及的約瑟啊！

「你們再別為這件事自責了。這本是上帝派我先行一步，成為埃及的宰相，使你們在遭遇饑荒時還能有飯吃。」

約瑟和兄弟們擁抱在一起，放聲痛哭，又連連親吻，前嫌盡釋。

俄羅斯文學巨匠列夫·托爾斯泰盛讚約瑟故事是世界性的藝術典範。「約瑟與兄弟們相認」是這個故事的高潮。

約瑟認出買糧的哥哥們之後，不露聲色地對他們進行了幾次驗，瞭解到老父親雅各和胞弟便雅憫的情況，認定哥哥們早年雖然做過錯事，後來卻一直為一時的過錯而悔恨。

當猶大為便雅憫真心請命時，約瑟再也無法控制住自己，禁不住申明自己的真實身分，和哥哥們擁抱親吻，抱頭痛哭。這個場面極其生動地表現了闊別多年後的兄弟相逢，淋漓盡致地抒寫了人類心靈深處的天倫之愛，令人蕩氣迴腸，過目難忘。

右圖：約瑟和兄弟們擁抱在一起，放聲痛哭，又連連親吻，前嫌盡釋。

2-19 雅各家族遷往埃及

約瑟的兄弟們來到埃及的消息在王宮傳開了，法老和眾臣僕都很高興。法老對約瑟說：「告訴你的兄弟們，用他們的牲畜載滿貨物，立即回迦南去。

「讓他們把老父親和家眷都接來，我要把埃及最好的土地賜給他們。他們在這裡將享受富足的生活。

「讓他們從埃及帶去車輛，好迎接他們的老父親，接來他們的妻子和兒女。告訴他們，不必顧惜那邊的家產，因為埃及全境最好的東西都屬於他們。」

約瑟按法老的命令送給哥哥們車輛和路上需要的糧食。他又給每個哥哥一套衣服，但給了同胞兄弟便雅憫五套衣服和三百塊銀幣。

他送給老父親十頭驢子，馱著埃及有名的物產，又送給老父親另外十頭驢子，馱著為他旅行所準備的穀物、麵餅和其他食品。他送走兄弟們，臨別時吩咐他們在路上要不爭吵。

約瑟的兄弟們回到迦南，告訴老父親：「約瑟還活著，並且做了埃及的宰相！」

雅各驚得目瞪口呆，不敢相信聽到的話。直到聽說約瑟讓他們轉告給他的話，並且看到約瑟派來接他去埃及的車輛，才不再驚訝。

他說：「罷了！我兒約瑟還活著。趁我沒死以前，我一定要去見見他。」

於是，雅各帶領全家老小，坐在法老送來的車上，從別是巴起行，浩浩蕩蕩地向埃及行進。

雅各家族原本安居於水草肥美的迦南之地，後來何竟遷往埃及，開始了長達四百年的異域生活？位於《創世紀》結尾的這篇文字做了交待。原來，雅各晚年普天下到處發生嚴重的饑荒，迦南也不例外，這時約瑟正在埃及當宰相，由於他治國有方，豐收年間廣積糧食，埃及已成為世界僅有的糧倉。

為了使父兄從饑饉中解脫出來，約瑟讓哥哥們把雅各和家眷接到埃及。雅各晚年聽說他最疼愛的兒子約瑟還活著，且當了埃及宰相，驚喜之餘決定舉家遷徙。

這篇短文記載了遷徙之前的情況，通篇洋溢著以色列人的民族自豪感。在作者筆下，以色列人是接受法老的盛情邀請才去埃及的，到了那裡，他們將居住在最好的地方，享受富足的生活！

右圖：雅各帶領全家老小……浩浩蕩蕩地向埃及行進。

参

以色列人出埃及

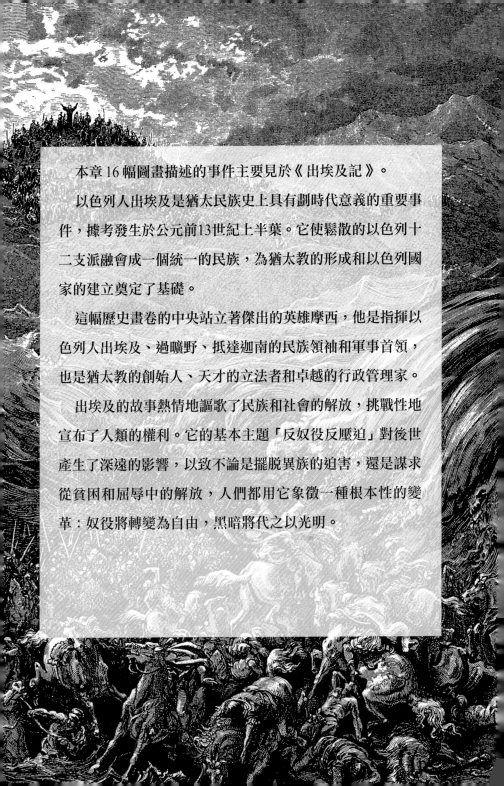

本章 16 幅圖畫描述的事件主要見於《出埃及記》。

以色列人出埃及是猶太民族史上具有劃時代意義的重要事件，據考發生於公元前13世紀上半葉。它使鬆散的以色列十二支派融會成一個統一的民族，為猶太教的形成和以色列國家的建立奠定了基礎。

這幅歷史畫卷的中央站立著傑出的英雄摩西，他是指揮以色列人出埃及、過曠野、抵達迦南的民族領袖和軍事首領，也是猶太教的創始人、天才的立法者和卓越的行政管理家。

出埃及的故事熱情地謳歌了民族和社會的解放，挑戰性地宣布了人類的權利。它的基本主題「反奴役反壓迫」對後世產生了深遠的影響，以致不論是擺脫異族的迫害，還是謀求從貧困和屈辱中的解放，人們都用它象徵一種根本性的變革：奴役將轉變為自由，黑暗將代之以光明。

3-1 | 摩西誕生

以色列人來埃及後，生養眾多，越來越強盛。後來埃及有一個新王登基，對約瑟的事毫無所知。

他對埃及人說：「看哪，這些以色列人又多又強盛，對我們是嚴重的威脅。一旦發生戰爭，他們很可能與敵人聯合，攻擊我們，控制我們的國土。我們必須阻止他們繼續繁衍。」

於是，埃及人指派監工，強迫以色列人服苦役，建造比東城和蘭塞城，用為法老的補給中心。

然而，埃及人虐待得越狠，以色列人生養得越多，分佈得越廣。埃及人變本加厲地迫害他們，逼迫他們在田野做苦工，和泥造磚，使他們痛苦異常。

埃及法老命令接生婆，為希伯來婦女接生時，遇上女孩子讓她存活，遇上男孩就殺死。

希伯來人有兩個接生婆，一個叫施弗拉，另一個叫普阿，她們敬畏上帝，不服從法老的命令，也讓男孩活下來。法老責問她們：「你們為什麼讓男孩也活下來？」她們回答：「以色列婦女不同於埃及婦女，她們很健康，生得快，我們還沒有趕到，她們就生產了。」

所以，以色列的人口繼續增多，更加強盛。法老惱羞成怒，頒布一道命令：「把希伯來人的新生男嬰都扔到尼羅河中，只准女嬰存活。」

在雅各的後代中，一個利未族人和他的同族女子結婚，生了一個兒子。母親見嬰兒十分俊美，就把他藏了三個月。

後來實在無法再藏，她就拿蒲草編一個籃子，塗上不滲水的瀝青和柏油，把孩子放進去，再把籃子置於河邊的蘆葦叢裡。孩子的姐姐遠遠地站著，要看看有什麼結果出現。

摩西誕生的故事採用了民間文學記述英雄出世的常見手法：英雄一降生就面臨險境，隨後只因歷經某種奇遇，才能大難不死，逢凶化吉。中國、印度、希臘都有類似的描寫。

《馬太福音》對耶穌降生的記載也有相仿之處：耶穌降生時希律王下令屠殺伯利恆四境兩歲以內的男孩，只因天使提示，他才被約瑟和瑪利亞帶往埃及，得以避難免災。

在本文中提到的「蒲草」(papyrus)盛產於尼羅河下游兩岸，高達數公尺，莖可製繩、草鞋、蓑衣等，剝除外皮後可造紙，英文的 paper (紙)即由 papyrus 衍生而來。

右圖：……把孩子放進去，再把籃子置於河邊的蘆葦叢裡。

3-2 摩西的早年

　　法老的女兒到河邊洗澡，她的宮女們在河岸上散步。忽然，她看見蘆葦叢中有一個籃子，就叫伺候她的宮女拿來。

　　公主發現籃子裡有個男嬰正在啼哭，就可憐他，說：「這一定是希伯來人的嬰兒。」

　　就在這時，嬰兒的姐姐走過來，對公主說：「要不要我去找一個希伯來女人，做他的奶媽？」

　　公主說：「好啊。」那女孩就去把嬰兒的母親叫來。

　　公主對那女人說：「把這個嬰兒帶去，替我養她，我會給你工錢的。」那女人就把嬰孩接回去，悉心撫養他。

　　這孩子長大後，她母親就把他帶到埃及公主面前，公主收養他做了自己的兒子。公主說：「我從水裡把這孩子拉上來，就叫他摩西吧！」

　　後來摩西漸漸長大，瞭解了自己的真實身世。一次他出門觀看希伯來人如何做苦工，發現一個埃及監工正在打自己的本族弟兄。他怒火中燒，見左右沒人，就把那個監工打死，屍體埋在沙土中。

　　這件事傳開了，法老要捕捉並殺死摩西。他只好逃到米甸的曠野居住。

　　有一天，摩西在一口井邊遇到米甸祭司葉特羅的七個女兒，熱心地幫她們打水飲羊。葉特羅聽說後，連忙把摩西請到家裡，招待他吃飯，讓他住下，還把自己的女兒西坡拉嫁給他做妻子。

　　西坡拉給摩西生養了兩個兒子，長子名叫革舜，次子名叫以利以謝。

　　摩西的名字得自埃及文mose，意思是「兒子」。埃及的王公貴族常以該字起名，如法老吐特摩斯(Tuthmose，「吐特神之子」)、亞蒙摩斯(Amen-mose，「亞蒙神之子」)、亞摩斯(Ahmose，「亞神之子」)等。

　　當時埃及正值文化發達的新王國時期，摩西在宮廷中長大，接受了文學、歷史、哲學、軍事等方面的充分教育，為他日後的成長和成熟奠定了堅實的知識基礎。

　　但他並未因此被埃及人所同化。成年後，他得知自己本是希伯來人，便產生強烈的民族歸屬感，恥於繼續混跡於埃及人中，而對苦難中的同胞抱以不盡的同情。他路見不平，揮拳相助，憤而打死埃及監工，逃到米甸；在那裡娶妻生子，日漸成熟，終於成為一個卓越的宗教思想家和民族領袖。

右圖：公主發現籃子裡有個男嬰正在啼哭……

3-3 | 摩西受命

摩西在米甸的曠野為葉特羅牧養羊群。

一天，耶和華的使者在經火而不燃的荊棘叢中向摩西顯現，呼叫他說：「摩西！摩西！」

摩西回答：「我在這裡！」

耶和華說：「我的百姓在埃及所受的困苦，我都看見了；他們因受監工轄制發出的哀聲，我也聽見了。我下來就是要解救他們擺脫埃及人的奴役，領他們離開埃及，回到流著奶與蜜的迦南之地。」

接著，耶和華讓摩西回到埃及，要求法老允許以色列人離開埃及，去荒漠曠野祭祀本民族的上帝。

摩西面有難色，對耶和華說：「我是拙口笨舌之人，怎能說服法老呢？」

耶和華說：「你的哥哥亞倫能言善辯，我會讓他替你說話。」於是，摩西和亞倫就領受了制伏法老的使命，那年摩西八十歲，亞倫八十三歲。

摩西和亞倫回埃及之前，耶和華一再授予他們施展神奇的權能，諭示他們如何將手杖丟在埃及法老和臣僕們面前，使之變成蛇，再把蛇變成手杖；如何使健康的手上長滿大痲瘋，再使病手復原；如何把河裡的水倒在地上，使之變成血。

然而，法老心腸剛硬，不願輕易就範。摩西和亞倫進宮見他時，亞倫把杖丟在地上，那杖轉眼間變成了蛇；法老隨即召出他的巫師和占星家，他們也把手杖扔在地上，使之變成蛇。

但是，亞倫的杖吞吃了他們的杖。

古猶太作家推崇至高的上帝，認為在上帝面前，世間的眾人皆無神性。這種觀念與不少異族文化大相逕庭。在希臘和印度史詩中，英雄大都帶有神性，如阿喀琉斯是神人婚配之子，羅摩是大神毗濕奴的化身，他們皆有遠勝於凡人的強健體魄和高超武藝，有時還具有驚人的智慧。

而摩西的血統則與神靈無緣，他的父母只是普通利未人，連名字都未曾留下；他本人缺乏對百姓的感召力，甚至不善言談，拙口笨舌。如此一個凡夫俗子，怎能被塑造成驚天動地的民族英雄呢？

古猶太作家自有一套行之有效的做法，其中之一，就是摩西一再被上帝授予施展神奇的權能。本文描寫了他和亞倫如何學會變杖為蛇，變水為血，這種異能使他們日後大得民心，備受擁戴。

右圖：亞倫把杖丟在地上，那杖轉眼間變成了蛇。

3-4 血災、蛙災、虱災、蠅災、畜疫之災

為了迫使法老允許以色列人離開埃及，摩西、亞倫按耶和華的吩咐，以杖擊打河水，使之立刻變成血。河裡的魚死了，水臭了，人不能再喝。

但法老的心腸比以前更硬，他不把這件事放在心上。埃及人不能喝河裡的水，就在河邊挖洞，喝地下滲出的水。

摩西和亞倫又按耶和華的吩咐，把杖指向河流、水渠和湖澤，讓青蛙跳出來，使全國各地到處都是青蛙。

法老心煩意亂，答應只要趕走青蛙，就放以色列人出境。摩西和亞倫讓青蛙都死掉。法老一看沒事了，心腸又剛硬起來，出爾反爾，不讓以色列人離開。

這一次，摩西和亞倫按耶和華的吩咐，以杖擊打地面，使埃及遍地的塵土都變成虱子，爬滿人和牲畜的全身。但是，正如耶和華所預料的，法老的心依然剛硬，不肯聽摩西、亞倫的話。

第二天，摩西和亞倫按耶和華的吩咐，用成群的蒼蠅懲罰法老、他的臣僕和國民。埃及到處都是蒼蠅，家家戶戶都飛滿蒼蠅。

法老被迫允許以色列人向耶和華獻祭，只是不讓他們走得太遠。但蒼蠅消失之後，他又變了卦，仍不准以色列人離境。

再一次，耶和華降下更可怕的災難，使埃及人的所有牲畜，包括馬、驢、駱駝、牛、綿羊和山羊都染上可怕的瘟疫，倒地而死。

但是法老的心仍然剛硬，不准以色列人離境。

中國有句老話「魔高一尺，道高一丈」，說的是對手雖然氣焰囂張，英雄更有強大的威力，能將其徹底制伏；在對手張氣焰的烘托下，英雄的強大威力得以充分的展示。

耶和華上帝授命摩西以十大天災擊打埃及、迫使法老就範之事，就是在雙方反復較量的過程中，以法老的頑梗狡詐反襯出耶和華的無限權能和摩西的英雄本色的。摩西接連降下天災，法老大都被迫先做讓步；但災難剛剛過去，他就故技重演而拒不降伏。

然而法老每次頑抗後，遭到的都是更有力的打擊。直到最後埃及所有長子和頭生牲畜被耶和華無情擊殺，他才不得不答應以色列人的要求。這一跌宕起伏情節借助法老的愚頑狂傲，反襯出英雄摩西的剛毅和強悍。

右圖：埃及人的所有牲畜……都染上可怕的瘟疫，倒地而死。

3-5 瘡災、雹災、蝗災、黑暗之災

耶和華對摩西和亞倫說：「你們從爐子裡取一把灰，當著法老的面撒向空中。這灰將散佈在埃及全境，一碰到人和牲畜，就使他們起泡生瘡。」

摩西和亞倫遵命而行，果然使埃及的人畜都起泡生瘡。巫師們無法到摩西面前來，因為他們也渾身生瘡。但是，法老又一次心腸剛硬，不聽從摩西和亞倫的話。

後來，摩西按耶和華的吩咐向天舉杖，耶和華把雷電和冰雹降在地上。劈雷閃電和巨大的冰雹鋪天蓋地而來，把野外所有的人、牲畜、農作物和樹木全都擊毀，埃及遭到有史以來最大的冰雹災難。

法老受不了這雷轟和冰雹的沈重災難，答應滿足以色列人的要求。但雷電冰雹剛剛停止，他就忘乎所以，又一次不准以色列人離境。

接下來，耶和華向埃及降下蝗災。摩西舉起手杖，耶和華興起東風，吹來許多蝗蟲。它們一群群地飛來，遍佈大地，數量之多空前絕後。它們把冰雹尚未毀盡的青綠之物全都吃光，連樹上的果子也一個不剩。轉眼間埃及全境就看不到一絲綠色，到處都是黑壓壓的蝗蟲。

法老祈求饒恕，耶和華把東風改成西風，將蝗蟲全都吹進紅海。但法老的本性難移，災難一過，他依然不准以色列人離去。

不久，摩西按耶和華的吩咐向天舉杖，使黑暗籠罩埃及全國，一連三天三夜，埃及人彼此看不見，誰也不敢離開家門，惟獨以色列人的家中仍有光明。但這次法老的心腸依然剛硬，還是不放以色列人走。

關於十大天災，有歷史研究者認為，除第十災外大多是埃及常見的自然現象。

春汛時節，尼羅河水從伊索比亞群山中裹挾著褐紅色的泥沙奔湧而下，此即「血災」。青蛙在埃及舉目可見，尼羅河水泛濫後數量尤多，以致造成「蛙災」。由於河塘縱橫，蚊蠅及其他害蟲極易滋生，人畜染病後又難以醫治，「虱災」、「蠅災」、「畜疫之災」和「瘡災」便屢見不鮮。

「雹災」不常出現，但偶爾也會在大麥吐穗時發生。「蝗災」非常普遍，三四月間東風將幼蝗吹進阿拉伯半島和西奈沙漠，它們長成後風暴般地飛入埃及，對農作物進行掃蕩式的吞噬。「黑暗之災」可能由西洛克龍捲風造成，其時太陽被黃沙層層遮擋，天地之間一片黑暗。

右圖：埃及人彼此看不見，誰也不敢離開家門。

3-6 │ 擊殺埃及長子之災

耶和華對摩西說：「我要向法老和他的國民降下最大的災難。此後他肯定會放你們走。事實上，他會把你們趕出這個國家。現在你就去告訴以色列人，讓他們去向埃及鄰居索取金銀器皿。」

耶和華使埃及人尊敬以色列人，使埃及的官員和民眾都把摩西尊為偉人。

摩西告訴以色列百姓，耶和華這樣說：「半夜時分，我將巡行埃及各地，擊殺所有埃及人家的長子，從法老的家到僕婢的家無一倖免。我還要擊殺所有頭生牲畜。

「埃及必定舉國哀號，從前沒有發生過這樣的災難，今後也不會再度發生。至於以色列百姓，我將把他們區分出來，使他們家家戶戶平安無事。」

摩西召集以色列人的領袖，告訴他們：「你們每家都要按人口選一隻小綿羊或小山羊，把它宰掉，預備慶祝逾越節。要拿一把牛膝草，蘸上盆裡的羊血，塗在門框和門楣上。

「第二天天亮之前，你們誰都不准出門。耶和華行遍埃及，擊殺其長子和頭生牲畜的時候，看到門框和門楣上的血，就會越過你們的家，不殺裡面的長子。

「你們和你們的子孫要永遠服從這些條例。」

以色列人跪下敬拜耶和華，然後回家去，照著耶和華吩咐摩西的去做。

夜間，耶和華擊殺了埃及人的所有頭生子，上自法老的長子，就是將來要繼承王位的太子，下至地牢裡囚犯的長子；連一切牲畜的頭胎也都殺掉。

那一夜，法老、他的臣僕和全體國民都被驚醒，極其恐懼。全埃及到處是號啕哀哭的聲音，因為家家戶戶都死了人。

擊殺埃及長子和頭生牲畜是十災的終場戲。耶和華開始行動前，吩咐以色列人各家都要宰殺羔羊，把血塗在左右門框和門楣上，以便他看到血時逾越而過，不殺該家的長子。

以色列人遵囑而行。接著耶和華便無情地懲罰法老，擊殺埃及各家的長子，終於使法老低頭讓步，允許上帝的子民離開埃及。

後世猶太教有許多節日，其中最重要的是逾越節。人們從亞筆月十四日黃昏開始守節，儀式是宰殺羔羊，用牛膝草蘸羊血塗在門框和門楣上，然後烤熟羊肉，全家人同吃，以此紀念耶和華拯救其子民出埃及時，越過以色列人的家門而擊殺埃及的長子。

右圖：夜間，耶和華擊殺了埃及人的所有頭生子。

96

3-7 ｜出埃及

當夜，法老就召見摩西和亞倫，對他們說：「快走！你們和以色列人趕快離開我的國境，照你們的要求去敬拜耶和華吧。帶著你們的綿羊、山羊、牛群，趕快離開吧！」

埃及人催促以色列人快些動身，說：「你們再不走，我們就要死光了！」於是，以色列人把無酵的麵團用衣服包好，背在身上。還照摩西吩咐，向埃及人索取金銀首飾和衣物。耶和華使埃及人尊敬他的子民，他們要什麼，埃及人就給什麼。以色列人就帶走埃及的許多財富。

以色列人從蘭塞動身，一直步行到疏割。除了婦女和兒童，他們僅男丁就有六十萬。許多外族人也帶上牛羊，跟他們一起出走。他們沿途烘烤從埃及帶出來的無酵麵團，用作食物。

以色列人在埃及共住了四百三十年。四百三十年終了的那天，以色列各支派都離開了埃及。那一夜，耶和華親自保護他們，引領他們順利地離開埃及。以色列人從此把那一夜立為逾越節，世世代代謹守紀念。

法老允許以色列百姓離境的時候，距離非利士之地的道路很近，上帝卻不領他們從那裡走，因為惟恐眾人遭遇戰事而返回埃及去。上帝領他們繞道行走，從紅海和曠野中趕路。

以色列人從疏割起行，在曠野邊的以倘安營。白天，耶和華在雲柱中為他們領路；晚上，又在火柱中光照他們，使他們晝夜都能行走。白天雲柱，晚上火柱，耶和華與以色列百姓時時同在。

出埃及是以色列民族史上宏偉壯觀的一幕，不僅對猶太民族影響深遠，而且成為激勵後世弱國寡民鬧身求解放的社會神話。在 20 世紀流行於非洲的黑人神學和解放神學中，「出埃及」是至關重要的聖經文本。

據載，以色列人出埃及時僅男丁就有六十萬，若連同婦女和孩子當達二三百萬。許多學者指出，西奈半島的綠洲難以養活這麼多人。

研究表明，「六十萬」的原文是「六百個埃列夫」，「埃列夫」(élep)既指「千」，也指「家庭」，故此語應理解為「六百個家庭」，而非「六百個千(六十萬)」。以色列人的家庭人口眾多，按每家十個男人計算，應是六千男人，再加上婦女和兒童，共計兩萬多人，這個數字比較合理。

右圖：當夜，法老就召見摩西和亞倫，對他們說：「快走！……」

3-8 | 奇渡紅海

以色列人剛剛離開埃及，法老和他的臣僕們就懊悔了。他們說：「我們為什麼讓以色列人出走？現在失去了一群奴隸！」法老召集兵馬，指揮六百輛精銳戰車氣勢洶洶地追趕以色列人，一直追到紅海岸邊。

以色列人看到法老的戰車、戰馬和騎兵在後面追趕，非常恐懼，就向耶和華求救。

他們抱怨摩西說：「難道我們在埃及沒有葬身之地嗎？為什麼把我們帶到曠野來送死呢？我們不是動身以前就說過，追兵一定會來嗎？現在看清楚了吧，在埃及繼續做奴隸也比死在這曠野裡強！」

摩西回答：「不要懼怕，要站立得穩。你們今天就能看到耶和華怎樣救你們。你們很快就不會被埃及人追趕了。」

上帝的使者原先在以色列大隊前面開路，現在轉過來殿後；雲柱也轉到後面，把埃及人和以色列人隔開。雲柱照亮了以色列人，卻使埃及人陷於黑暗中，因此整個晚間埃及軍隊無法接近以色列人。

摩西向海中伸出手杖。耶和華刮起強烈的東風，把海水吹退。東風吹了一夜，使海底變成陸地。水分向兩邊，好像兩堵牆；以色列人從陸地上穿過大海。

埃及人在後面緊追不捨，戰馬、戰車和騎兵都進入海底的路上。破曉時分，耶和華從火柱和雲柱中使埃及軍隊發生混亂，戰車的輪子陷在泥裡，不能轉動。

埃及士兵驚呼：「耶和華幫助以色列人攻打我們，我們趕快逃命吧！」

摩西按耶和華的吩咐向海面伸杖，海水又恢復了原狀，把追趕以色列人的埃及戰車和騎兵都淹沒在海中，一兵一馬也沒有留下。

以色列人最終實現出埃及大業的標誌是奇渡紅海。渡過紅海之後，他們便徹底甩掉埃及追兵，成為一個獨立自由的民族。由此，這件事成為歷代猶太人詠誦不絕的偉大奇跡。

作品所述過紅海的細節充滿了傳奇色彩。耶和華以強烈的東風把海底刮成陸地，海水分向兩邊，如同兩堵牆，使以色列人平安渡海；埃及的軍隊尾追而來，摩西揮杖使海水復原，把他們的戰車和騎兵全部淹沒在海中——這是何等神奇的藝術想像！

右圖：海水又恢復了原狀，把……埃及戰車和騎兵都淹沒在海中。

3-9 擊石出水

奇渡紅海之後，摩西帶領以色列人在曠野中繼續行進。曠野裡缺吃少喝，人們開始抱怨摩西，說是不該離開埃及，因為在那裡他們雖然做奴隸，卻能坐在肉鍋旁邊，吃得飽足。

摩西安慰眾人說：「上帝已經聽到你們的怨言，很快就會給你們送來食物。」

果然，黃昏時分，成群的鵪鶉飛來，落滿營地的地面。男女老少吹呼跳躍，一齊抓到鵪鶉，美餐一頓。

清晨起來，眾人發現野地上有許多白如霜雪的小圓物，樣子如同芫荽子。他們彼此詢問：「這是什麼？」

摩西回答：「這就是耶和華給你們吃的食物。你們要按照各自的飯量，每人取一份，當天就吃完，不能留到第二天早晨。」

這食物是白色的，滋味如同攪了蜜的薄餅，以色列人稱之為「嗎哪」。他們吃嗎哪長達四十年，直到進入有人居住的迦南之地。

以色列民眾從汛的曠野向前走，來到利非訂。那地方沒有水喝，人們又發起怨言，指責摩西說：「你為什麼把我們從埃及領出來，使我們和牲畜都將渴死呢？」

摩西呼求耶和華道：「我該怎樣對付這些百姓？他們幾乎要用石頭砸死我。」

耶和華回答：「你用杖擊打磐石，石縫裡就會流出水來，供百姓飲用。」

摩西在以色列的長老面前以杖擊石，石縫裡果然流出清澈的山泉。百姓們歡呼雀躍起來，紛紛捧起甘甜的泉水，一飲而盡。

「擊石出水」回答了以色列人在西奈曠野漂泊時如何解決日常的飲食問題。它告訴讀者，耶和華上帝眷顧其子民，當他們缺乏食物時，從天上降下成群的鵪鶉和「滋味如攪蜜薄餅」的嗎哪，當他們無水飲用時，又令摩西以杖擊打磐石，使石縫裡流出清澈的泉水。

近代學者在理性主義的引導下，經過大量實地考察，做出合於自然法則的解釋。他們發現，往返於非洲和阿拉伯的大群鵪鶉因長途飛行十分疲憊，在曠野歇息時極易被當地居民捕捉。西奈半島有一種檉柳樹，每逢春夏之交枝頭就出現「白如霜雪的小圓物」，煮壓後能當作蜜糖吃，足以充饑。這也許就是以色列人遇到的嗎哪。至於擊石出水，在西奈半島的不少地方，山腳的薄殼下都有山泉，只消將石頭敲碎，就能得到飲用之水。

右圖：摩西……以杖擊石，石縫裡果然流出清澈的山泉。

3-10 | 抵達西奈山

以色列人離開埃及後，滿三個月那天到達西奈曠野，在西奈山下安營。

耶和華從山上呼喚摩西，讓他對以色列人說：「你們已經看見我怎樣懲罰埃及人。我背負著你們，如同母鷹背負著小鷹一樣，把你們帶到這裡。你們只要服從我，守我的約，就是我的子民。」

摩西召集族中的長老，把耶和華的話告訴他們。他們一致表示說：「我們要聽從耶和華，按照他的指令去做。」

耶和華對摩西說：「我將在密雲中降臨，與你談話，使眾人都聽到我和你談話的聲音，此後都相信你。」

耶和華又說：「你去告訴眾人，今明兩天他們要潔淨自己，洗滌衣服，做好準備。後天我就降臨在西奈山上，讓所有以色列人都能看見我。

「在山的四周要劃出界限，告訴眾人不可越界，不可接近這山，更不可上山。如果有誰踏上這山一步，就要處死，或用石頭砸死，或以亂箭射死。」

摩西把這些話都轉告給了以色列人。

第三天清晨，雷電交加，號角聲回響，一團密雲在山頂出現。營地裡的眾人無不渾身發抖。摩西帶領他們走出帳棚，前去朝拜上帝。

整個西奈山都籠罩在煙霧中，因為耶和華在火光中降臨。那煙霧就像石灰窯中的濃煙，人們看到後無不震驚恐懼。

這時，號角的聲音越來越響。摩西講話，上帝用雷聲回答他。摩西走上山去，上帝在山頂向他頒發了十條誡命，即有名的「十誡」。

西奈山是猶太傳說中的聖山，據載耶和華曾在那裡召摩西上山，向他頒布了寫有十條誡命的法版。

按傳統觀點，它位於今西奈半島南端，山巒起伏，峽谷交錯，地勢險要，人煙罕至。早在公元 4 世紀，基督教就在山間建造修道院。但在摩西時代，據考西奈半島的南端屬於埃及，是挖銅採玉的礦場。故很難設想以色列人擺脫埃及的追兵後，會重新投入埃及的勢力範圍，並居留大約一年時間。

近現代研究者多主張該山位於阿拉伯半島西北部，阿卡巴灣的東南方。那是一片地震多發地帶，火山潛伏，隨時都可能爆發，與《出埃及記》所載雷鳴電閃、地動山搖的現象相吻合。

右圖：摩西帶領他們走出帳棚，前去朝拜上帝。

3-11 頒佈十誡

　　上帝向摩西頒佈了十條誡命，內容如下：

　　「我是你的上帝耶和華，曾經把你從被奴役之地埃及領出來。除我以外，你不可敬拜別的神靈。

　　「不可為自己製造任何偶像，也不可仿製天上、地上或水裡的任何形象。不可向任何偶像跪拜，因為我是忌邪的上帝，不容忍對立的神靈。恨惡我的人，我要懲罰他，直到三代四代的子孫。但敬拜我，遵守我誡命的人，我要以慈愛待他，直到萬世子孫。

　　「不可妄稱我的名字。凡妄稱我名字的人，我必定懲罰他。

　　「要謹守安息日為聖日。你有六天是工作日，但第七天是安息日，是歸於我的聖日。在這一天裡，你、你的兒女、奴隸、牲畜，以及寄居的外族人，都不可工作。我耶和華在六天中創造了天、地、海和其中的萬物，於第七天休息。所以我賜福給第七天，定為神聖的安息日。

　　「要孝敬父母，好在我將要賜給你的土地上得享長壽。

　　「不可殺人。

　　「不可姦淫。

　　「不可偷竊。

　　「不可做假見證陷害他人。

　　「不可貪圖他人的房屋、妻子、僕婢、牛、驢或其他物品。」

　　耶和華在西奈山上對摩西發完誡命，把兩塊法版交給他，那是上帝用指頭寫成的石版。

　　摩西手裡拿著法版，轉身走下山去。

　　「十誡」是猶太教的核心教義，也是基督徒最根本的行為準則。猶太教和基督教是歷史上最早的一神教，基本信條見於十誡之首：「獨尊耶和華為上帝，不可敬拜別的神靈。」

　　「十誡」的第二條（不可拜偶像）、第三條（不可妄稱上帝的名字）和第四條（要謹守安息日為聖日）都是第一條的補充，它們相互闡釋，彼此印證，共同揭示出一神教的本質特徵，與形形色色的多神教、二元神教、圖騰崇拜、自然崇拜、動物崇拜、植物崇拜、天體崇拜、偶像崇拜和單一主神教明確區別開來。

　　「十誡」的後六誡是民事誡律，基本的要求是嚴格律己，以仁慈誠信之心對待他人。

　　在福音書中，耶穌把摩西律法精闢地概括為「愛上帝」和「愛人如己」兩條。

右圖：摩西手裡拿著法版，轉身走下山去。

3-12 | 怒摔法版

當摩西在西奈山上領受十誡之際，眾人見他遲遲不歸，就恐慌起來，以為他拋棄了百姓。

他們圍住亞倫，要求道：「給我們造個神像吧，讓他在前面為我們引路。現在，那個領我們出埃及的摩西不知遇到了什麼事。」

亞倫答應了，對他們說：「把你們妻子兒女的金首飾都拿來，交給我。」

百姓們就把各自的金耳環和金手鐲交給亞倫。

亞倫用那些金器鑄成一隻金牛犢。

以色列人欣喜若狂，以為這就是帶領他們出埃及的神靈。於是圍著那金牛犢大吃大喝，又唱又跳。

耶和華把這一切都看在眼裡，吩咐摩西道：「趕快下山吧，因為你的百姓已經偏離正道。他們為自己鑄造了一隻金牛犢，正在向它跪拜獻祭呢。」

摩西匆匆下山，來到營地跟前。他一眼就看見那隻金牛犢，看見圍著它手舞足蹈的眾人。

這情景令摩西勃然大怒。他舉起法版，使勁扔到山下，摔得粉碎；又把那金牛犢用火焚燒，磨成齏粉，撒在水面上，讓拜偶像的人喝下去。

摩西站在營地門前說：「凡屬於耶和華的人，都到這邊來！」於是，利未的子孫便聚集到他周圍。

摩西命令他們：「你們把刀跨在腰間，在營地中往返巡行，殺死那些濫拜金牛犢的弟兄和鄰居！」

利未的子孫奉命行事，那天殺死叛教的百姓約三千人。

後來，摩西又按照原先的樣子鑿出兩塊石版，上西奈山交給耶和華。耶和華將十誡重新寫在上面，授予摩西和以色列人。

「怒摔法版」塑造了一個信仰堅定、性情剛烈的摩西。

「欲托明月先烘雲」，是說中國古代畫家要在白色鮮紙上表現燦白的月亮，往往並不塗抹月亮本身，而用水墨將夜空染黑，只留下月亮的輪廓，使之從烏黑的夜色中顯示出來。由此，「烘托」成為一種重要的藝術手法和文學技巧。

摩西的堅定和剛烈就是在眾人懷疑和懦弱的映襯下凸顯現來的。摩西登上西奈山領受十誡之際，眾人居然背逆耶和華，讓亞倫造出金牛犢，向它跪拜獻禮，圍著它大吃大喝，又唱又跳。摩西見狀勃然大怒，摔碎法版，把金牛犢碾成粉末，又下令殺死三千叛教者。正是這些對比強烈的行為，使一個高大的英雄聳立起來。

右圖：他舉起法版，使勁扔到山下，摔得粉碎。

3-13 窺探迦南

以色列人輾轉流徙，抵達巴蘭的曠野。

摩西按照耶和華的吩咐，從以色列十二支派中各選一人，派往迦南窺探。其中從猶大支派選出耶孚尼的兒子迦勒，從以法蓮支派選出嫩的兒子何西阿。摩西稱何西阿為約書亞。

那是葡萄初熟的時節。摩西派他們到迦南去，向他們交待任務道：「你們從南地過去，要看看那地方的情形怎樣？那裡有多少居民，是強還是弱？你們要大膽察看，最後帶些那裡的果子回來。」

以色列的十二個探子領命出發了，從尋的曠野途經利合，抵達哈馬口。他們從南地上去，來到希伯崙，得知希伯崙的建城時間比埃及的鎖安城還早七年。

他們又去了以實各谷，從那裡帶回一支葡萄樹，上面長著一大串葡萄，兩個人用杠子才能抬起來。他們還帶回許多石榴和無花果。

四十天後，他們回到巴蘭曠野的加低斯，向摩西、亞倫和以色列眾人彙報情況，並把那裡的果子展示給人們看。

他們對摩西說：「你派我們去窺探的地方果然是一塊流奶與蜜之地，這就是那裡的果子。然而那裡的居民很強壯，城池也堅固寬敞。」

迦勒在摩西面前安撫百姓，提議道：「我們立刻去佔領那個地方吧，肯定能勝利！」

但有人提出相反的看法：「我們不能進攻，因為那裡的居民比我們強壯。」還有人持更悲觀的態度：「我們所窺探的地方乃是吞吃居民之地。那裡居住著身材高大的亞衲族人，他們本是偉人的後裔。在他們眼中，我們就像不起眼的螞蚱一樣。」

以色列人從西奈曠野來到距迦南邊境不遠的巴蘭曠野後，摩西從十二支派中各選一人，派他們前往迦南窺探。四十天後探子返回，帶來豐美的葡萄、石榴和無花果，證明那裡果然是「流奶與蜜之地」。

當有人聲稱迦南的居民身材高大、難以戰勝之際，探子中的約書亞和迦勒力主攻占迦南，認定戰必能勝。這段記載著力讚揚了約書亞和迦勒，為約書亞日後接替摩西，成為以色列人征服迦南的統帥埋下伏筆。

右圖：他們……向眾人彙報情況，並把那裡的果子展示給人們看。

3-14 | 可拉黨的覆滅

以色列人徙居曠野的途中，可拉、大坍、亞比蘭和二百五十個首領聚眾攻擊摩西和亞倫，質問他們：「既然以色列人個個都是聖潔的，你們為何自高自大，擅自專權，凌駕於眾人之上呢？」

摩西說，這件事可以讓耶和華判別是非，耶和華將自有公斷：「他必定指示究竟誰才聖潔。他揀選了誰，就會讓誰親近他。」

第二天，摩西讓可拉黨的二百五十個人各拿一個香爐，盛上火，點上香，站在他們的帳棚門前；摩西和亞倫則站在他們對面。

可拉又想聚眾攻擊摩西和亞倫，這時，耶和華的榮光向眾人顯現。

摩西吩咐眾人離開可拉一夥的帳棚，不要摸他們的東西，以免陷在他們的罪中，與他們一同覆滅。

於是眾人都離開他們，只有可拉、大坍、亞比蘭帶著妻子兒女，站在自己的帳棚周圍。

摩西對百姓們說：「我將要辦的事本不是出於自己心願，乃是履行上帝旨意。你們很快就能看到證據。

「這夥人的死法若與世人無異，就不是受到上帝的懲罰。但你們若看到新奇的事情，大地裂開口子，把他們全都吞了下去，就證明他們實在是觸犯了上帝。」

摩西的話音剛落，可拉、大坍、亞比蘭腳下的地面就開了口，把他們和家眷，及其所有的人丁、財物都吞下去。他們活活地墜落在陰間，地口在他們上面閉合如初。接著又有天火降臨，把那二百五十個持香爐的人燒死。

從這篇短文中不難感知，以色列人流徙曠野期間經歷了不計其數的嚴峻考驗。除了自然條件險惡、缺糧少水、風餐露宿之外，其民族內部還常常出現倒行逆施者，他們散佈流言蜚語，製造悲觀情緒，蠱惑眾人懷疑出埃及的正確性，甚至聚眾鬧事，企圖篡奪摩西和亞倫的權力。

可拉、大坍、亞比蘭的叛逆即一次謀權篡位的嚴重事件。他們攻擊摩西和亞倫「自高自大，擅自專權，凌駕於眾人之上」，目的乃在於奪取祭司職位，亦即宗教領導權。

摩西敏感地發現問題，以強硬手段平息了叛亂，嚴懲了叛黨頭目，有力地鞏固了自己和亞倫的領袖地位。

後世西方作家用「可拉黨」指代「叛亂集團」。

右圖：他們活活地墜落在陰間……。

3-15 摩西的銅蛇

可拉黨的叛亂平定後，耶和華曉喻摩西說：「你從以色列各支派中取杖，每支派一根，共十二根。把亞倫的名字寫在利未支派的杖上。然後把這些杖放在會幕中的約櫃前，就是我與你們相會之處。

「誰是我要挑選的大祭司，誰的杖就會發芽、開花、結果。這樣，我就平息了眾人中的怨言。」

摩西按耶和華的吩咐從每支派取來一根杖，其中包括亞倫的杖，將它們放在存有約櫃的帳幕中，置於耶和華面前。

第二天，摩西走進帳幕，發現利未支派的亞倫之杖已經發了芽，生了花苞，開了花，結了熟杏。

摩西把所有的杖都拿給以色列人觀看。眾人看後，對亞倫無不口服心服。各支派首領都取回自己的杖，惟獨亞倫的仍置放在約櫃跟前。

此後，以色列人從何珥山起行，沿紅海岸邊的那條路行走，要繞過以東地區。那條路舉步維艱，百姓們心中煩躁，就抱怨上帝和摩西，說：「為什麼把我們從埃及領出來，讓我們死在這曠野呢？這裡沒有糧吃，沒有水喝，我們實在厭惡這粗淡的食物。」

耶和華聞言，就使成群的火蛇進入百姓中，讓蛇咬他們，把許多人咬死。

百姓們連忙找到摩西，對他說：「我們抱怨耶和華和你，犯了罪。求你禱告耶和華，叫蛇離開我們。」

於是，摩西便為百姓禱告。

耶和華對摩西說：「你去鑄造一條火蛇，掛在杆子上。凡被咬的，一望那蛇，就能存活。」

摩西乃用銅鑄造了一條火蛇，掛在杆子上。凡被蛇咬過的人，一望那條銅蛇，果然就活了。

可拉黨的叛亂平定之後，為了證實亞倫確係耶和華親自選出的大祭司，摩西令十二支派各取一杖，置於帳幕中的約櫃前。次日清晨亞倫的杖脫穎而出，惟獨它「發了芽，生了花苞，開了花，結了熟杏」。亞倫的大祭司地位藉此得以確認。

在「火蛇和銅蛇」的故事中，銅蛇是火蛇的剋星，能使被火蛇咬傷者望之而得痊癒，它乃由耶和華上帝授意造成。不幸的是，至王國時代，銅蛇竟成為以色列人焚香膜拜的偶像，直到猶大王希西家時，才令人廢除並將它打碎。

右圖：摩西乃用銅鑄造了一條火蛇，掛在杆子上。

3-16 天使阻擋巴蘭的驢

巴蘭是幼發拉底河西岸小鎮毗奪的異教術士，據說擁有非凡能力，祝福誰誰就得福，詛咒誰誰就遭禍。以色列人到達摩押平原後，摩押王巴勒惶恐不安，派長老向巴蘭求助，希望借助他阻擋以色列人。

巴蘭請示耶和華後，騎上驢，隨從摩押王的使臣而去。但剛剛上路，耶和華就因為他動身而發怒，派出天使在路上阻擋他。

驢看見天使持刀擋路，就從路上跨進田間。

但巴蘭看不見天使。他抽打驢子，想叫它回轉上路。

耶和華的天使又擋在葡萄園的窄路上，這邊有墻，那邊也有墻。驢看見擋路的天使，想貼著墻過去，不料把巴蘭的腳擠傷了。巴蘭又打驢。

再往前走，天使站在路的狹窄處，左右都無法通行。驢只得臥下不走。巴蘭再次憤怒地用杖打它。

這時耶和華叫驢開口，質問巴蘭道：「我做錯了什麼事，你竟三次打我？」

巴蘭說：「因為你戲弄我。我恨不得用刀殺了你！」

驢問巴蘭：「難道我不是你從小至今一直騎的驢嗎？我過去這樣做過嗎？」巴蘭承認沒有。

於是，耶和華使巴蘭的眼睛明亮起來，看見路上的持刀天使。巴蘭連忙俯伏在地，向天使謝罪。

天使說：「你為何三次打驢呢？我出來阻攔你，驢見了我，三次都躲過去。驢若不躲避，我早就把你殺了，只讓它存活。」天使讓巴蘭繼續前行，但吩咐他只能按上帝的旨意說話。

巴蘭到達摩押平原後，巴勒讓他詛咒以色列人。他由於領受了耶和華的諭旨，開口後只能說出祝福的話。

在巫術流行的古代，人們相信能施巫術的術士與眾不同，他們的語詞帶有魔力，為誰祝福，就能使誰得福；為誰禱禍，就能使誰遭禍。巴蘭就是一個這樣的術士。但奇妙的是，他對以色列人卻只能祝福，而不能詛咒。

這段故事極力表明，即使最有能耐的異教術士，也在耶和華上帝的支配之中。

後世用「巴蘭」喻指「心口不一的人」，用「巴蘭的驢」喻指「比主人還聰明的人」，或「平時沈默寡言，現在卻突然開口抗議的人。」

右圖：耶和華……派出天使在路上阻攔他。

征服迦南

摩西去世之後，帶領以色列民眾回迦南的使命由他選定的接班人約書亞化為現實。這段硝煙彌漫的歷史發生於公元前13世紀下半葉，記載在《約書亞記》中。

　　本章的8幅圖片惟妙惟肖地再現了該時期的悲壯歷史，著重描繪了約書亞的三大神跡：指揮族人從斷流的河床上橫渡約旦河；以號角聲和吶喊聲震塌耶利哥的城牆；讓太陽停留在基遍並使月亮靜止在亞雅侖谷。

　　戰爭風雲和刀光劍影把耶和華烘托成一個無往不勝的戰神。由於他的威力無處不在，以色列人才節節勝利。同時，他也是誠信之神和公義之神——保護妓女喇合，他既許必踐；懲罰貪心的亞干，他毫不手軟。

4-1 | 奇渡約旦河

摩西在摩押平原去世後，他的助手約書亞繼承其遺願，帶領以色列人征服迦南。

約書亞先派出兩個探子窺探迦南重鎮耶利哥。次日清晨，他率領百姓離開什亭，到約旦河岸紮營。那時正是收割的季節，河水洶湧，漲過了約旦河兩岸。眾人按約書亞的吩咐，準備渡過約旦河。

渡河開始了，祭司們抬著上帝的約櫃走在前頭。哪知他們的腳剛一入水，河水就停止流動，原來上游的水在撒拉旦附近的亞當城積成一道水堤，將下游流進死海的水完全切斷。

河裡既然已斷水，民眾便從耶利哥對岸順利地過了河。當眾人走過無水的河床時，祭司們抬著上帝的約櫃，站在約旦河中央的乾地上，等候所有的人都過到對岸去。

各支派都過河之後，約書亞按耶和華的要求，從十二支派中各選一個人，讓他們到河中祭司站立的地方取出十二塊石頭，帶往夜間宿營的地方。

那十二個人執行了約書亞的命令。他們把十二塊石頭帶回營地，堆成一座紀念碑，要告訴子孫後代：「耶和華的約櫃過約旦河時，河水停止了流動。」

大約四萬名裝備精良的以色列戰士在耶和華面前渡過約旦河，到達耶利哥平原，準備作戰。那天耶和華使以色列人都尊崇約書亞為領袖。從那以後，約書亞跟摩西一樣，終生受到人們的尊敬。

眾人全部過河之後，約書亞命令抬約櫃的祭司從河裡上來。他們的腳剛踏上河岸，河水就恢復了流淌，跟先前一樣漲過兩岸。

本文記載了約書亞行施的三大神跡之一：揮師渡過約旦河之際，使洶猛的河水從上游中斷，以色列人得以在乾涸的河床上順利渡河。

關於這個神跡的謎底，20世紀中葉有地理學者做出解釋：在耶利哥以北約二十五公里的地方，約旦河有一處今名伊勒·達米耶赫的淺灘，它的上游從很深的峽谷中流過，兩岸都是石灰質和粘土質岩石。這段河岸常因地震而崩塌，塌陷的巨石會像大壩一樣把河水攔住。1927年約旦河就曾因此斷流幾乎一晝夜。斷流時由淺灘向南直到死海，河水都非常淺，完全可以徒步過河。這很可能就是約書亞率眾渡河時發生的情況。

右圖：河裡既已斷水，民眾便從耶利哥對岸順利地過了河。

4-2 | 天使向約書亞顯現

耶和華讓約旦河斷流，以色列人順利渡河，這消息傳到亞摩利諸王和迦南諸王的耳中，使得他們心驚膽戰，不寒而慄。

渡河之後，耶和華囑咐約書亞製造火石刀，給以色列人第二次行割禮。約書亞遵命而行，在除皮山下給眾人行了割禮。

以色列人在埃及時就受過割禮。但那些能打仗的青壯年男子出埃及後都死在曠野的路上，因為他們沒有聽從耶和華的話，無法看到流著奶與蜜的應許之地。

他們的子孫是在徙居曠野途中出生的，直到現在還未受割禮。為了使他們適應征服迦南的新生活，現在必須對他們行割禮。

眾人在受完割禮之後，都在營中休息，等待傷口痊癒。耶和華對約書亞說：「今天，我把埃及的羞辱從你們身上除去了。」

以色列人在吉甲安營。正月十四日晚上，他們在耶利哥平原守逾越節，第二天就吃到當地的土產，吃的是無酵餅和烘熟的穀物。既已有了迦南的土產食用，嗎哪便不再繼續降給他們。

那天，約書亞靠近耶利哥城，舉目觀望，突然發現有個人站在對面，手裡握著拔出來的刀。約書亞走近他，問道：「你將要幫助我們呢，還是幫助我們的敵人？」

他回答：「我來這裡，是要做耶和華軍隊的元帥。」

約書亞連忙俯伏在地，向他跪拜，並問道：「我主啊，你有什麼事要吩咐僕人？」

那耶和華軍隊的元帥對他說：「把你腳上的鞋子脫下來，因為你站立的地方是聖地。」

約書亞立即照著去做。

這篇短文敘述了以色列人在攻佔耶利哥之前的備戰情況，述及三件事：

首先，為即將出征的戰士行割禮。按照《舊約》的說法，割禮是猶太人與上帝立約的記號，行割禮是上帝對其子民的指令。耶和華讓世世代代的猶太男子都接受割禮，施行時用火石刀割損其陰莖的包皮。以色列人在埃及時曾受過割禮，但老一代人已於流徙曠野時期相繼死去，新生的一代尚未經歷這項儀式，必須補行此禮。

其次，在耶利哥平原守逾越節，重溫耶和華拯救其子民出埃及的偉大歷史。

第三，接納天使做「耶和華軍隊的元帥」。以色列大軍既已成為耶和華的軍隊，且以天使為元帥，攻佔迦南之役自然會所向披靡。

右圖：「把你腳上的鞋子脫下來，因為你站立的地方是聖地。」

4-3 耶利哥的城牆應聲倒塌

征服迦南的第一戰是攻佔耶利哥城。

為了防阻以色列人入侵，耶利哥人緊閉城門，嚴加戒備，使進城比登天還難。

約書亞下令先頭部隊在前面開路，接著是七個祭司拿著號角，只吹號而不吶喊，隨後是抬約櫃的祭司，最後是後衛隊。他們護衛著約櫃繞城一周，然後回營，在營中過夜。

第二天一早，約書亞命令祭司們和部隊第二次繞城，次序和前一天完全相同：先頭部隊開路，七個祭司吹號行進，抬約櫃祭司簇擁著耶和華的約櫃前行，後衛隊殿後。七個吹號的祭司一路只吹號不說話。他們繞城一周之後返回營地。如此一連六天，每天繞城一周。

第七天，他們黎明即起，以同樣的方式繞城，但繞行了七周。

到第七周，當祭司們吹響長號的時候，約書亞命令隊伍高聲吶喊，說：「耶和華已經把這城交給你們了！城裡所有的東西都要毀滅，只有妓女喇合和她的家人要保護，因為她保護了我們的探子。」於是，人們隨著祭司的號角聲放聲吶喊。奇跡發生了：在震耳欲聾的呼喊聲中耶利哥的城牆驟然倒塌！

軍隊衝進殘破的城牆，用刀殺盡全城的人，不分男女老幼；還殺了牛、羊和驢子。

最後，約書亞對那些企圖重建耶利哥城的人發出嚴厲警告：「凡奠立城基的人，必喪失長子！凡建造城門的人，必喪失幼兒！」

耶和華與約書亞同在，他的聲譽傳遍了全國。

這篇故事的突出特色是善用神奇的想像和極度誇張。

關於約書亞用號角聲和吶喊聲震塌耶利哥的城牆，考古學家提出了兩種推測：其一，耶利哥毀於地震和隨後發生的火災。研究表明，耶利哥古城曾多次因地震而倒塌。從出土的灰燼、燒焦的木材、燒成碴的磚石來看，城牆倒塌時曾發生大火。

其二，耶利哥的城牆是被攻城者用地雷炸塌的。以色列人圍著城牆繞行並吹角吶喊，目的是轉移守城者的注意力，讓工兵在城牆下順利地挖坑埋雷。

後世用「約書亞吹倒耶利哥的城牆」，比喻「以某種神奇的力量輕易取勝」。

右圖：在震耳欲聾的呼喊聲中，耶利哥的城牆驟然倒塌！

4-4 喇合得救

耶利哥城住著一個妓女，名叫喇合。約書亞攻城之前派出兩個探子進城窺探，來到她家。

耶利哥王聽到這個消息，派人去喇合家搜查。喇合把那兩個探子藏在房頂的麻秸中，對前來搜查的人撒謊道：「你們要找的人確實來過，但天黑時他們已經離開，不知道往哪裡去了。你們快去追趕，肯定還能追得上。」

搜查的人信以為真，就急忙去約旦河渡口追趕。那時天已黑透，他們剛一出城，城門就關閉了。

喇合登上房頂，找到兩個探子，對他們說：「我知道耶和華已經把這城賜給了你們，所以才真心地幫助你們。求你們指著耶和華向我起誓，一定要恩待我和我的父家。你們要給我一個實在的證據，確保我們一家活命不死。」

二人對喇合說：「我們未攻城以前，你要把一條朱紅色線繩繫在窗戶上，你和全家的人都不可出門。而且，我們來過的事你也不能洩漏。」

喇合答應了。她把兩個探子從窗戶裡縋到城牆下面，因為她家的房子建在城牆邊上。接著，她把一條朱紅色線繩繫在那個窗戶上。

幾天後，約書亞揮師攻陷了耶利哥城。他吩咐窺探迦南的兩個探子注意保護喇合。他們找到喇合的家，把喇合及其家人都解救出來，安置在以色列營外。

眾人殺盡城裡的居民，放火燒城，把金銀和銅鐵器皿都收進耶和華的庫中，惟獨救出妓女喇合和她全家，因為她保護了約書亞派去窺探耶利哥的使者。

後來，喇合一家一直安居在以色列中。

喇合是耶利哥城的妓女，保護過以色列人進城偵察的兩個探子。當耶利哥王聞訊派人前去搜捕時，喇合把他們藏在房頂的麻秸中，謊稱他們已經離去，欺騙搜捕的人朝約旦河渡口追去。兩個探子答應以色列人攻城時保護喇合及其家人，後來如約而行。

基督徒把喇合尊為信心的典範。傳福音的馬太將她編進耶穌的家譜，說她是路得之夫博亞茲的母親。《希伯來書》提到：「妓女喇合因著信，……就不與那些不順從的人一同滅亡。」《雅各書》說，喇合勇敢地保護以色列的探子，乃是由信心產生的善行。班揚在《天路歷程》中宣稱，喇合雖然以謊言支走了追捕者，卻是個「虔誠的撒謊者」。

右圖：……惟獨救出妓女喇合和她全家。

4-5 | 亞干受罰

攻占耶利哥之役，以色列人都把擄掠來的金銀財物交到庫裡，惟獨猶大支派迦米的兒子亞干貪心嚴重，藏而未交。這件事激怒了耶和華，以致下次以色列人攻打艾城時慘遭失利。

那時，約書亞派人去艾城窺探，探子回來後報告說：「那座城裡沒有多少人，我們不必興師動眾，只派兩三千人就行了。那艾城唾手可得！」

於是約書亞只派出三千人攻打艾城。結果，以色列人大敗而歸，三十六人不幸陣亡。眾民聞訊後，無不悲傷欲絕。約書亞並撕裂衣服，同長老們一起把灰撒在頭上，在耶和華的約櫃前俯伏於地，直到晚上。

次日清晨，約書亞把以色列人集合起來，按照支派、宗族、家室、人丁的順序，逐個盤問。

問到亞干時，約書亞對他說：「我兒，我勸你將榮耀歸給以色列的上帝耶和華，在他面前認罪，將你所做的事告訴我，不要隱瞞。」

亞干回答：「我確實得罪了耶和華。我從繳獲的財物中拿了一件華麗的衣服、二百塊銀子和一條金子，把它們藏在我帳棚裡的地底下，銀子還包在衣服裡。」

約書亞派人去搜查，果然發現贓物，與亞干供述的一模一樣。

約書亞和以色列眾人把搜出的衣服、銀子、金子，連同亞干，以及他的兒女、牛、驢、羊、帳棚等家眷和物品，都帶到亞割谷去。「亞割」的意思是「連累」。

約書亞說：「你既然連累了我們，使我們打了敗仗，今天必因自己的穢行受連累。」

以色列眾人聞聲用石頭打死亞干，又放火焚燒了他的財物。耶和華見亞干遭到了懲罰，就不再發洩怒氣。

本文塑造了一個不容貪贓枉法的上帝形象。由於亞干私藏戰利品，他責罰以色列人初攻艾城時失利。待約亞查出罪犯，在亞割谷處死亞干後，他消解了怒氣，又福佑以色列人再攻艾城，大獲全勝。

至後世，亞干成了貪贓枉法者的典型。他貪戀金銀財物，公然違背上帝的禁令私藏戰利品，以致連累眾人初戰艾城時慘敗，事後他本人也遭到嚴厲處罰。

在希伯來文中，處死亞干的「亞割谷」與「殃害」諧音，且含「連累」之意。由此，後人用該詞轉喻「連累他人」或「遭人連累」。

右圖：以色列眾人聞聲用石頭打死亞干。

4-6 | 火燒艾城

亞干受罰之後，耶和華對約書亞說：「不要驚惶畏懼，去領兵再攻艾城。我已經把那座城交到你的手裡。你怎樣處置耶利哥王，也怎樣處置艾城王。」

約書亞受命後，選出三萬精兵強將，連夜動身攻擊艾城。他讓五千人埋伏在伯特利和艾城間，也就是艾城西邊，吩咐他們依計行事，於敵軍主力被誘出城後，從埋伏地點突然攻城，奪取城池；隨後再出城，攻擊敵軍的主力。

當天夜裡，約書亞率軍進入山谷。艾城王清早起來，帶著全城人來到亞拉巴地方，欲與以色列人決一死戰。

以色列軍隊佯裝戰敗，向遠處的曠野逃跑。艾城王不知城後有伏兵，下令傾城出動，猛追逃遁之敵。

這時約書亞手持短槍，向艾城方向揮舞；信號傳到伏兵陣地，伏兵們從埋伏的地方一躍而起，趁城中空虛闖進城裡，放起火來。霎時間濃煙四起，烈焰升騰。

佯裝戰敗的以色列人見城內起火，立即回轉身來，向追趕他們的艾城人迎面殺去。伏兵們也從城裡衝出，夾擊艾城的軍兵。

艾城人腹背受敵，被以色列人團團包圍。經過一場混戰，他們被殺得精光，連男帶女一萬二千人，一個也沒有保住性命。

以色列人活捉了艾城王，把他押送到約書亞面前。約書亞令人把他吊死在樹上，直到日落才取下屍體，丟在城門口，堆上一大堆石頭。

城裡的財物和牲畜被以色列人掠擄一空。艾城從此成為一片荒蕪的廢墟，在地圖上失去蹤影。

在征服迦南的戰爭中，以色列軍隊數次使用預設伏兵出奇制勝的戰術，火燒艾城即一次成功的範例。

約書亞在夜幕的掩護下把五千精兵埋伏在艾城西邊，自己帶領一支部隊在亞拉巴地方與敵交戰。戰鬥打響片刻後，以色列人佯裝失敗，向曠野逃跑，誘使艾城的防軍傾巢出動，緊追逃敵，意欲一舉得勝。

這時，以色列的伏兵乘虛而入，殺進艾城中，點燃大火；接著又出城與艾城的主力交戰。約書亞也轉過身來殺起回馬槍，使艾城的軍隊腹背受敵，被以色列大軍團團包圍。最後，艾城人成為一場伏擊戰的犧牲品，從百姓到國王都被殲滅。

右圖：……霎時間濃煙四起，烈焰升騰。

4-7 | 基遍之役

基遍人聽說以色列人征服耶利哥和艾城之事，恐慌萬狀，匆忙派人假裝成遠路而來的使者，馱上舊口袋、舊皮酒袋，穿上舊鞋、舊衣，帶上發了黴的乾餅，到吉甲的營中去見約書亞。

約書亞問：「你們是什麼人？從哪裡來？」

他們把早已編好的謊話講出來，說是來自極遠之地，乃是敬畏耶和華的名聲而來，並拿出舊口袋、舊鞋、舊衣和乾餅作證。

約書亞信以為真，就與他們訂立了和約，容許他們存活；眾首領也為他們向耶和華起了誓。

三天後以色列人聽說他們本是近鄰，就住在基遍、基非拉、比錄、基列耶琳一帶，不禁大為惱怒。但由於已經向耶和華起了誓，不能再加害他們，便讓他們做了劈柴挑水的僕役。

基遍人靠著陰謀詭計與以色列人訂立和約，保全了性命，得以苟且偷生。以色列人也在迦南南部山地取得軍事上的立足點。

這件事使耶路撒冷王亞多尼洗德十分恐懼。他派人聯絡希伯崙王何咸、耶末王比蘭、拉吉王雅非亞、伊磯倫王底璧，和他們結成聯軍，聯手攻打基遍，一則伐其降敵，懲其不忠；二則阻攔以色列大軍以求自保。

基遍人速向駐紮在吉甲的以色列總部求援。

約書亞連夜率兵前往救援，在基遍把五王聯軍殺得落荒而逃。

敗軍逃至伯和崙下坡時，耶和華忽然從天上降下許多大石塊，把大批逃兵當場砸死。死於石塊的甚至比死於刀劍的還多。

「基遍之役」以間接和直接兩種手法渲染了以色列人席捲迦南的聲威。

間接手法指的是，其作者精心描述了以色列大軍壓境之際，基遍人誠惶誠恐的反應。他們不戰而降，就連求和也要喬裝改扮。基遍城臨近耶利哥和艾城，在以色列人隨後的攻勢中首當其衝；若告知約書亞實情，訂約絕無可能。所以他們謊稱來自遠方，慕名前來講和，以求逃過覆滅的下場。約書亞信以為真，便與其立約，使之免遭滅亡。

直接手法指的是，在隨後打擊五王聯軍之戰中，以色列人勢如破竹，把敵軍殺得落荒而逃；敗軍倉皇逃亡時又遭到許多從天而降的大石塊襲擊，死傷不計其數。

右圖：耶和華忽然從天上降下許多大石塊，把大批逃兵當場砸死。

4-8 | 日月停止運行

約書亞的大軍銳不可擋，五王聯軍節節敗退。這時暮色正在降臨，若太陽一落下，殘敵就可能隱身逃脫。於是，約書亞當著以色列眾人的面前，向耶和華懇切禱告：

「太陽啊，你要停留在基遍！
「月亮啊，你要靜止在亞雅崙谷！」

奇跡出現了，太陽和月亮果然停在天上不動，時間長達一天之久，直到以色列人把敵寇全部消滅。

這件事曾記載於《雅煞珥書》上。

那五王倉皇逃竄，躲進瑪基大洞裡。

有人向約書亞報信：「那五王已經找到，全都躲在瑪基大洞裡。」

約書亞命令道：「搬幾塊大石頭，堵住洞口！留下幾個人在那裡看守，別的人繼續追擊殘敵，不容他們逃回各自的城去！」

以色列人在基遍城外殺敗所有敵軍之後，又來到瑪基大洞前。眾人按約書亞的命令打開洞口，將耶路撒冷王、希伯崙王、耶末王、拉吉王和伊磯倫王一一拿獲，帶到洞口外面。

約書亞對以色列的將領們說：「你們走近些，把腳踏在他們頸項上！」

將領們走過去，遵命而行。

約書亞對他們說：「不要懼怕，更不要驚惶，而要勇敢剛強，氣盛膽壯，因為耶和華必定如此對待你們要攻打的一切仇敵。」

隨後約書亞令人把五王殺死，掛在五棵樹上。日落時，派人取下屍首，丟在他們藏過的洞裡，再用幾塊大石頭把洞口封住。

「日月停止運行」是征服迦南諸戰役中極富傳奇色彩的一幕，發生於前文所述大石塊從天而降之後。

一些西方史學家認為，當時的實際情況可能是，從天上降下的大石塊其實是冰雹，那時一陣密雲遮住了天空，冰雹驟然降落(這本是巴勒斯坦的正常天象)，人們誤以為白晝已盡，暮色將臨。約書亞於昏天黑地中發出禱告，其後密雲散去，太陽從雲層中再次露面，使以色列人得以在復出的陽光下全殲逃敵。

也有人提出，約書亞的祈禱文原是兩句平行對仗的小詩，運用了希伯來古詩常見的比喻和誇張技巧，閱讀時不必理解得過於史實化。

右圖：太陽和月亮果然停在天上不動……。

134

伍

士師時代

本章的 18 幅圖畫藝術地再現了以色列民族史上士師時代（公元前 13 世紀下半葉至前 11 世紀下半葉）的社會生活，其素材取自《士師記》。

　　這是約書亞征服迦南和掃羅興建王國之間的過渡時期，由以色列各支派的首領即士師管理本族的政治、軍事、宗教和司法事務。

　　從底波拉、基甸、耶弗他和參遜的事跡中可知，士師大體是驍勇善戰的民族英雄，以富於魅力的個性贏得同胞的擁戴，在本族生死存亡的關鍵時刻率眾反對外來侵略和奴役，為爭取民族的自由和解放而鬥爭。其中不乏孤軍作戰、以少勝多的傳奇人物和草莽英雄。

　　這又是一個充斥著紛爭傾軋、彌漫著腥風血雨的混亂時代。亞比米勒從篡位走向敗亡、利未人的妾被凌辱致死、便雅憫人幾遭滅族之禍，便是其中的典型案例。

5-1 雅億釘死西西拉

約書亞征服迦南以後，以色列民族進入長達二百年的士師時代。其間，他們與迦南人和外族入侵者進行了經年累月的征戰，不斷地交換著壓迫者與被壓迫者的位置。

迦南人耶賓在夏瑣稱王時，有鐵甲戰車九百輛。他以西西拉為將軍，壓迫以色列人長達二十年。

這時，女先知底波拉做以色列的士師。她和丈夫拉比多居住在以法蓮山地。拉瑪和伯特利中間有一棵大棕樹，她常在那棵樹下為眾人審理糾紛。

一天，她派人從拿弗他利的基低斯召來亞比挪庵的兒子巴拉，讓他帶領一萬名戰士，抗擊耶賓的將軍西西拉，自己也一同出征。

戰鬥打響後，西西拉的鐵甲戰車亂作一團，潰不成軍。巴拉揮師追擊敵人，一直追到外邦人的夏羅設。西西拉全軍覆沒，無一幸免。

西西拉下車逃亡，鑽進基尼人希百之妻雅億的帳棚。希百是摩西內兄何巴的後代，曾經接受以色列人的信仰。但他早已離開基尼族，到基低斯和撒拿音附近的橡樹旁邊建棚居住。

由於迦南王耶賓和希百家曾有私交，西西拉毫無防備地來到希百之妻雅億的帳棚避難。孰料，雅億仍然持守著本家族與以色列人的盟約。

以色列民族史上有許多英勇抗敵、建立了卓著功勳的女英雄，比如鬥敗波斯宰相哈曼、使猶太民族轉危為安的以斯帖；又如隻身深入敵營、砍下敵帥奧勒弗尼頭顱的尤迪絲。

本文則塑造了另外兩位女英雄——抗擊迦南王耶賓及其將軍西西拉的底波拉和雅億。雅億機智勇敢地用木橛釘死西西拉，不愧為古代的女中豪傑。

右圖：……西西拉已經死去，橛子還釘在鬢角。
後圖：局部

138

　　雅億不露聲色地迎進西西拉，對他說：「我主請進，不要懼怕。」

　　西西拉吩咐雅億：「若來人詢問帳內有沒有人，你就說沒有。」說罷倒頭就睡。

　　希百的妻子雅億拿出釘帳棚的橛子，手執錘子，輕輕地走到西西拉身邊，將橛子從他鬢角釘進去，一直釘到地裡。

　　西西拉頓時斃命。

　　不久，巴拉追過來，雅億請他進帳觀看。他看到西西拉已經死去，橛子還釘在鬢角裡。

　　此後以色列人越戰越勇，很快將迦南王耶賓的軍隊徹底殲滅。

5-2 ｜ 底波拉之歌

女士師底波拉和亞比挪庵的兒子巴拉戰勝迦南王後，作了一支戰歌：

「你們要讚美耶和華！
以色列人決心作戰，
百姓自願從軍。

底波拉啊，興起！興起！

放聲歌唱！勇往直前！
亞比挪庵的兒子巴拉啊，奮勇戰鬥！

帶走你的俘虜！
在米吉多溪旁的他納，
眾王擺開了戰場。
迦南的諸王前來交戰，
他們卻一敗塗地。
星宿從天上參戰，
掠過太空攻擊西西拉。
基順河急流滾滾，
把敵人的戰車捲走。
基尼人希百的妻雅億，
在婦女中最值得稱讚。
西西拉向她要水，
她用貴重的碗盛滿奶汁給他。

雅億左手拿著釘帳棚的橛子，

右手緊握工匠的錘子。
她把橛子對準西西拉的鬢角，
用橛子釘穿他的太陽穴。
西西拉屈身登腿，
在雅億腳下喪命而死。
西西拉的母親觀望窗外，
從窗櫺後面舉目遠眺。
她的口中唸唸有詞：
『我的兒子為何遲遲不歸？』
一個宮女自作聰明地回答：
『他們一定正在瓜分戰利品，
每個士兵都分到一兩個女人。
西西拉擄到繡花的彩衣，
他要給王后帶回華麗的圍巾。』
耶和華啊，願你的仇敵都這樣滅亡！
願你所愛的人都像東升的旭日！」

按《士師記》所述，「底波拉之歌」由女士師底波拉和她的大將巴拉作於戰勝迦南王之後。底波拉是著名的女士師兼女先知，以傑出的將帥之才召集以色列的六個支派聯合行動，共同對付不可一世的迦南王，最後獲得徹底勝利。

全詩從一段讚美耶和華的歌詞開頭，著力描寫了底波拉和巴拉如何奮起抗敵，以摧枯拉朽之勢擊潰迦南軍隊，雅億如何用錘子和橛子擊斃敵將西西拉；最後想像西西拉母親焦急地等待兒子歸來，以及自作聰明的宮女如何在旁邊安慰她。全篇以頌揚耶和華的詩句作結。

詩章體現了希伯來戰歌的基本特色：既有宏觀勾勒，又有微觀雕琢；既富於生動的行為描寫，又不乏細緻的心理刻劃；既摹繪了真實的歷史事件，又抒發了濃烈的宗教感情和社會理想。

右圖：「耶和華啊，願你的仇敵都這樣滅亡！」

5-3 基甸選勇士

以色列人又行耶和華恨惡的事，被耶和華交到米甸人手中。百姓們困苦不堪，呼求上帝拯救他們。

耶和華的使者來到俄弗拉，向約阿施的兒子基甸顯現，讓他做上帝的士師，把百姓從米甸人的壓迫下解救出來。

基甸問：「主啊，我有什麼能耐，可以拯救以色列人呢？我家在瑪拿西支派中最貧窮，我在父親的家族中又最卑微。」

耶和華上帝說：「有我與你同在，你肯定能戰勝米甸人。」為使基甸確信不疑，上帝向他兩次顯出奇跡。

頭一次，耶和華讓基甸把羔羊肉和無酵餅供奉在祭壇上，隨後，天使用杖指點祭物，立刻有火從下面的磐石裡冒出來，把祭物燒得一乾二淨。

又一次，上帝先讓一團露天過夜的羊毛浸滿露水，而羊毛周圍的禾場上卻很乾燥；又讓那團羊毛很乾燥，而它周圍的禾場上卻浸滿露水。

基甸見此情景，有了信心，就做了以色列的士師。他領兵來到哈律泉邊安營，與米甸人的營地遙遙相望。

為了精簡隊伍，他按耶和華的吩咐把二萬二千人打發回家，只留下一萬精兵強將。

耶和華說：「一萬人還是太多。你把他們都帶到水邊，觀察他們怎樣喝水。凡是像狗一樣地用舌頭舔水喝的，讓他們站在一邊；凡是跪下來喝水的，讓他們站在另一邊。」

基甸發現，像狗一樣用舌頭舔水的有三百人，其餘的都跪著喝水。他按耶和華的吩咐把那三百勇士留在身邊，其餘的都打發回家去。

在希伯來文中，「士師」寫作Shophetim或Mosiah，其意分別是「審判官」和「拯救者」。可見士師在古猶太社會中兼有民事和軍事的雙重職責，權力類似於族長和國王，是族長和國王之間的過渡形態。

但士師又有其獨到特徵。他們只是各支派的首領，出身大都貧寒而卑微，主要憑藉出色的個人能力得到本族同胞的擁戴。以基甸為例，他的家在瑪拿西支派中最貧窮，他在父親的家庭中又最卑微，按照尊卑貴賤的等級觀念，支派首腦的桂冠無論如何也戴不到他頭上。他被不拘一格地挑出來，肩負起拯救黎民於水火的重擔。

基甸從三萬二千人中，僅選出三百精兵的故事，體現了「兵不在多而在精」的戰略思想。

右圖：像狗一樣用舌頭舔水的有三百人……

5-4 | 基甸計退敵兵

基甸選出三百勇士的那天夜裡，耶和華吩咐他領兵襲擊米甸人。他帶著僕人普拉摸進敵營去探聽虛實，發現米甸人、亞瑪力人和其他東方人散布在平原上，多如野地裡的蝗蟲；他們的駱駝多如海邊的沙粒。

基甸聽到有人對他的同伴說：「我做了一個夢，夢見一個大麥餅滾入米甸營中，撞在帳幕上，把帳幕撞翻了。」他的同伴驚呼起來：「那是以色列人基甸的刀啊！」基甸聽見這些話，就和普拉回到以色列營中，對三百勇士說：「起來吧，耶和華已將米甸軍隊交在你們手中了！」接著，他把那三百勇士分成三隊，每人手中都拿著號角和空瓶，瓶內藏著火把。他吩咐他們：「你們要跟著我行動。我到了營邊吹角的時候，你們也要在四周吹角，高喊『耶和華和基甸的刀！』」

三隊勇士於夜深人靜之際包圍了敵營，各在其位準備作戰。基甸舉角一吹，三百支號角驟然間齊鳴起來，清脆嘹亮，聲震夜空。勇士們打破瓶子，取出火把，高聲呼叫：「耶和華和基甸的刀！」

米甸人的營中頓時亂作一團。人們驚惶失措，沒頭沒腦地自相殘殺起來。殘兵敗將奪路而逃，逃到靠近塔巴的亞伯米何拉。以色列人在後面緊緊追趕。基甸派人走遍以法蓮山地，讓以法蓮人嚴密把守約旦河渡口，直到伯巴拉。果然不出所料，米甸人的兩個首領逃到那裡，被以法蓮人活捉，一個叫俄立，一個叫西伊伯。

以法蓮人把俄立殺死在俄立磐石上，把西伊伯殺死在西伊伯酒榨邊，然後將兩顆首級帶過約旦河，送到基甸面前。

兵不厭詐。在戰場上以刀對刀、以槍對槍最為常見，但用兵之道不盡於此，有時還講究虛張聲勢、以弱勝強。虛張聲勢、以弱勝強靠的是智取，運用的是心理戰術。所謂知己知彼，百戰不殆，就是不但要知道雙方的武器裝備，還要熟悉各自的戰略戰術和心理特徵。

基甸以三百勇士勝過「多如野地裡的蝗蟲」的敵兵，靠的便是虛張聲勢或心理戰術。他於開戰前親自摸進敵營，偵察出敵方自信不足、軍心不穩的特點，遂鼓起我方的士氣，使之處於鬥志昂揚、氣概衝天的狀態中。繼而，帶領小部隊於夜深人靜之際悄悄包圍敵營，突然亮出火把，齊聲吶喊，造成敵軍驚惶失措，在自相殘殺中一敗塗地。

右圖：勇士們……取出火把，高聲呼叫：「耶和華和基甸的刀！」

5-5 | 基甸眾子之死

基甸制伏了米甸人，使國中太平四十年。基甸做士師時娶了許多妻子，生養了七十個兒子。在示劍時又納一妾，生了一個兒子起名亞比米勒。

基甸死後，亞比米勒對示劍的眾人說：「你們是讓基甸的七十個兒子管理呢，還是讓我一個人管理？別忘了我是你們的骨肉之親。」示劍人覺得亞比米勒是他們的弟兄，就同意由他管理。

亞比米勒雇了一群匪徒，到他父親家鄉俄弗拉，把基甸七十個親生兒子都殺死在一塊磐石上；惟獨幼子約坦躲藏起來才幸免罹難。約坦聽說眾兄長被害的噩耗，登上基利心山向眾人大聲宣講道：「示劍人啊，你們若聽了我的話，上帝才會聽你們的話。

「從前，森林裡的樹木想要立一個王。它們對橄欖樹說：『請你做我們的王吧。』橄欖樹回答：『我該停止生產供奉上帝和人的橄欖油，去統治你們嗎？』

「樹木又對無花果樹說：『請你做我們的王吧。』無花果樹回答：『我該停止結甜美的果子，去統治你們嗎？』

「樹木又對葡萄樹說：『請你做我們的王吧。』葡萄樹回答：『我該停止釀造上帝和人喜愛的酒，去統治你們嗎？』

「樹木最後對荊棘叢說：『請你做我們的王吧。』不料，荊棘叢卻一口答應：『如果你們誠心立我為王，就來投靠在我的蔭下，由我保護你們。否則，我的荊棘叢就會起火，燒盡黎巴嫩的香柏樹。』」

約坦用荊棘叢比喻亞比米勒，揭露出這個僭位者的罪惡行徑。

《士師記》在著力於表現以色列人抗擊異族壓迫的同時，也一再揭示出本民族內部爭權奪勢的混亂現象，亞比米勒的篡位即典型一例。

士師基甸死後，其子亞比米勒殺死基甸的另外七十個兒子，欲自立為王。幸免罹難的約坦死裡逃生後到處游說，鼓動人們推翻暴君。他用「樹王的寓言」啟發眾人：只因善良人都忙碌於各自的事務，邪惡者才有了爭權僭位的時機。寓意之深刻、比喻之巧妙、言辭之精當，皆可與後世伊索寓言、拉封丹寓言及克雷洛夫寓言媲美。

右圖：亞比米勒……把基甸七十個親生兒子都殺死在一塊磐石上。

5-6 亞比米勒之死

亞比米勒管理以色列人三年。上帝使惡魔降臨於他和示劍人之間，讓示劍人以詭詐對待他。

以別的兒子迦勒和他的弟兄來到示劍，示劍人都信賴他。迦勒說：「你們為何服侍亞比米勒呢？你們如果歸順我，我就除掉他。」

邑宰西布勒聽到迦勒的話，悄悄派人向亞比米勒告密，說迦勒煽惑示劍人攻擊他。西布勒提議亞比米勒連夜動身，先到田間埋伏，日出之後就與迦勒交戰。

於是，亞比米勒把他的隨從分成四隊，連夜起身，埋伏在迦勒必經之地。天亮之後，迦勒遭遇亞比米勒，發生激戰。他匆忙逃跑，許多隨從受傷倒地。

此後，亞比米勒多次帶兵闖到示劍的田間擊殺眾人，還殺害城裡的居民。

示劍人躲進巴力比利土廟的衛所。亞比米勒指揮一群隨從砍下樹枝，堆在衛所四周，把裡面的一千男女全都燒死。

亞比米勒又攻下提備斯城。那城中有一座堅固的塔樓，城池失守時，城裡的眾人無論男女都逃進去，關上門，登上樓頂。亞比米勒令人把塔樓團團圍住，在門口外面堆上木柴，欲縱火燒樓。

就在這時，一個婦女從樓頂拋下一塊磨石，正擊中亞比米勒的頭，把他的腦骨打破。亞比米勒明白自己的死期已到，就呼叫身邊為他拿兵器的戰士，說：「你舉起槍，刺死我吧！免得人們議論我，說我被一個婦人殺死。」

那個戰士舉起槍，把他刺透。

以色列人見亞比米勒死了，紛紛走下塔樓，各自回到自己的家。

亞比米勒篡權得逞，治理以色列人三年。後來示劍人反叛，戰事激烈，亞比米勒領兵攻打提備斯城中的一座塔樓，欲縱火將樓裡的眾人都燒死。這時，一個婦女從樓上扔下一塊磨石，砸在亞比米勒頭上，把他的腦骨砸破。亞比米勒明白自己回天無望，就讓身邊的士兵把他刺死，以免遭人恥笑，說他死於一個婦人之手。

這段文字記載了發生於瑪拿西支派的一樁爭權慘案。亞比米勒以血腥的手段篡奪權力，僅僅幾年後就在眾怒中死於非命，表明自私殘忍的暴君是何等不得人心，作惡者將如何必無善終。

右圖：那個戰士舉起槍，把他刺透。

5-7 耶弗他獻女

基列人耶弗他是個勇敢的壯士。

他的母親是個妓女，父親基列跟妻子還生了幾個兒子。那些兒子長大後，把耶弗他趕出家門，說：「你不能繼承我們父親的家產，因為你是妓女生的。」

耶弗他只得離開他的兄弟們，住在陀伯。他在那裡招引了一幫無賴漢，在他們中間稱王稱霸。

過了一些日子，亞捫人跟以色列人作戰。戰爭發生後，基列的長老們前往陀伯，請耶弗他回來做統帥，帶領基列人抗擊亞捫人。

耶弗他起初不同意：「從前你們不是恨我，逼我離開父親的家嗎？現在你們遭了難，又想起我來了？」

長老們說：「現在我們都轉向你，擁護你做我們的領袖。請你帶領我們打敗亞捫人吧。」耶弗他回答：「如果耶和華讓我打勝仗，我就做你們的領袖。」

耶弗他回到基列，被民眾擁立為統帥。他在米斯巴向耶和華陳明自己的心願：「你如果使我戰勝亞捫人，我凱旋歸來時，一定把第一個從家門出來迎接我的人獻給你，把他當作燔祭獻上。」

耶弗他渡過河去，跟亞捫人作戰，耶和華使他打了大勝仗。從亞羅珥到米匿，直到亞備勒基拉明，他一連攻下亞捫人的二十座城池，大肆屠殺。就這樣，亞捫人被以色列人制伏。

耶弗他回到自己的家時，他惟一的女兒拿著手鈴鼓，跳著舞出來迎接他。

他看到第一個走出家門的竟是自己的獨生女兒，不禁悲痛萬分地撕裂衣服，說：「我的女兒啊，你使我心痛欲絕！為什麼竟是你呢？我已經鄭重地向耶和華許願，再也不能收回了！」

「耶弗他獻女」的要義是頌揚士師耶弗他忠誠於信仰、既許必踐的忠信品格，以及他的女兒深明大義、為了民族利益不惜捐軀的獻身精神。

耶弗他做士師時，勢力範圍在巴勒斯坦東北部及外約旦地區，當時以色列的主要敵人是亞捫人。亞捫人是亞伯拉罕侄兒羅德的後裔。

摩西律法規定：「人若向耶和華許願或起誓，要約束自己，就不可食言，必要按口中所出的一切話去行。」《民數記》30：2）耶弗他即使犧牲獨生女兒也要還願，堪稱這一規定的生動注腳。

右圖：他惟一的女兒拿著手鈴鼓，跳著舞出來迎接他。

152

5-8 | 為耶弗他的女兒哀哭

耶弗他的女兒聽了父親的話，深明大義地說：「你既然向耶和華許了願，就照你許的願對待我吧，因為他已使你在亞捫人身上報了仇。」

女兒又說：「我只求你一件事。請准許我離家兩個月，跟我的同伴到山上去，為我終為處女而哀哭。」

耶弗他同意了。

於是，他女兒跟她的同伴登上山，在那裡為自己終為處女而哀哭。

兩個月後，她回到父親家中，耶弗他就照自己向耶和華說的話還了願。他女兒死時還是處女。

後來，以色列中有一個風俗，婦女們每年離家四天，去悼念基列人耶弗他的女兒。

這件事過後，以法蓮人來到北方，抱怨耶弗他與亞捫人作戰時沒有招他們一同去，揚言要燒死他，燒毀他的房屋。

耶弗他反唇相譏道：「我與亞捫人拼死決戰時招你們來，你們並不理睬。我見你們不來救我，就拼命地攻擊亞捫人。現在我總算勝利了，你們反倒來攻擊我！」

耶弗他氣憤地招聚基列人，與以法蓮人作戰。

基列人把守住約旦河的渡口，不讓以法蓮人過河。有人前來過河，基列人就問他是不是以法蓮人；若回答「不是」，就讓他說「示播列」。以法蓮人咬字不清，總把「示播列」說成「西播列」。基列人發現這個錯誤，就把那人抓住，殺死在約旦河口。

就這樣，四萬二千個以法蓮人被抓住處死。耶弗他做以色列的士師六年，死後葬在基列的一座城裡。

《士師記》提到，耶弗他的女兒在山上為她「終為處女而哀哭」。她是如何哀哭的？紀元前後的猶太詩人斐洛寫出美麗的詩行：

「群山啊，傾聽我的哀歌吧，丘陵啊，看看我眼中的淚水。

我還沒有營造我的婚房，還沒有編出我婚禮的花環。

母親啊，你白白生養了獨生女兒，因為陰間已成為我的洞房。

願我的處女夥伴們與我懇談，日復一日地悲哀涕泣……。」

這段詩歌將一個年輕處女悲壯赴死之前，心靈深處的人性吶喊，表現得惟妙惟肖，極其感人，使耶弗他的女兒成為一個血肉豐滿的文學形象，大大地超越了其原型——一個近乎觀念符號的單薄人物。

右圖：婦女們每年離家四天，去悼念基列人耶弗他的女兒。

5-9　參遜撕裂獅子

以色列人又行耶和華恨惡的事，耶和華就讓非利士人統治他們四十年。那時有個但支派的瑣拉人，名叫馬諾亞。他因妻子不能生育，沒有孩子。耶和華的天使向他妻子顯現，對她說：「你不久就會懷孕，生個兒子。你要留心，淡酒和烈酒都不能喝，禮儀規定為不潔的東西也不能吃。

「孩子出生後，不可剃他的頭髮，因為他一出生就要獻給上帝，成為拿細耳人。他要擔負起解救以色列人脫離非利士人奴役的使命。」

後來，馬諾亞的妻子生了一個兒子，給他起名叫參遜。這個孩子漸漸長大，一直蒙耶和華賜福。他在瑪哈尼但時，耶和華的能力開始充實他。

有一天，參遜在亭拿看見一個非利士女子，想娶她做妻子。他父母問他：「你為什麼偏要從異族中娶妻呢？難道我們本族本國之中沒有合適的女孩嗎？」

參遜回答：「我喜歡她，一定要娶她。」他父母不知道是耶和華要他這樣做，因為耶和華正在找機會與非利士人作對。當時，非利士人正統治著以色列。

參遜的父母只好帶他到亭拿去。他們經過一個葡萄園時，聽到一隻幼獅正在吼叫。耶和華的能力突然降臨到參遜身上，使他赤手空拳地撕裂那隻獅子，如同撕裂小山羊一般。

參遜去見那個女子，跟她談話，很喜歡她。幾天後參遜回來娶她，途中去看他殺死的獅子，不料竟在獅子的屍體中發現一群蜜蜂，正在釀蜜。他挖了一點蜜，邊走邊吃；到父母那裡後也給他們吃，只是沒有告訴他們這蜜是從哪裡得來的。

參遜的故事在整部聖經中以異乎尋常的傳奇色彩別具特色，引人入勝。他一生獨往獨來，沒有隨從，不帶兵器，更不調兵遣將、列陣作戰，只憑一己神力創造出種種奇跡。本文便談到，他曾赤手空拳地撕裂獅子，如同撕裂小山羊一般。

然而，參遜形象卻寓有鮮明的政治意義和宗教內涵。他的鬥爭氣概代表了以色列人爭勝圖強的民族精神。他是從小就獻給上帝的拿細耳人，神奇的力量來自頭髮，失於頭髮被剃，又失而復得於頭髮長出——這說明，宗教誡命須臾不可以牾逆，參遜英雄的能力歸根結蒂來自上帝。

右圖：他赤手空拳地撕裂那隻獅子……。

5-10 | 參遜的驢腮骨

參遜按照當地的習俗，娶了那個非利士女子。在婚禮宴會上，他和新娘的三十個伴郎打賭，說要給他們出一個謎語，他們若能在婚宴期間猜出來，就輸給他們每人一套衣服；若猜不出，就每人輸給他一套衣服。

參遜的謎語是：「食物出於食者，甜蜜出於強者。」他們想了三天，沒有猜出來；最後只得讓新娘子探出謎底。第七天晚上，他們對參遜說：「還有什麼比蜂蜜更甜？還有什麼比獅子更強？」

參遜知道是他的新娘子透露了謎底，就不屑一顧地回答：「如果不用我的母牛犁地，你們誰也別想猜出謎底！」參遜到亞實基倫去，殺死三十個人，把他們的衣服剝下來，送給那些猜出謎底的伴郎。事後他很生妻子的氣，就回到父親家中。

他的妻子後來由她父親作主，嫁給了她的一個伴郎。

參遜聞訊後怒氣衝天。他捉到三百隻狐狸，把尾巴一對對地綁在一起，插上火把，點著，趕進非利士人的麥田，把麥子燒掉，連橄欖園也燒掉了。

非利士人對參遜恨之入骨，集結兵力攻擊猶大的利希城。猶大人得知是參遜闖的禍，就不由分說地捆起他來，要把他交給非利士人。

非利士人看到參遜被捆綁起來，跑上前去，對著他大喊大叫。這時，耶和華的能力突然降臨於參遜，使他力氣倍增。他使勁一掙扎，捆綁他的繩子就像被火燒過的麻線一樣斷開。參遜沒有武器，就從路邊順手撿起一塊還沒乾的驢腮骨，用它殺死一千個仇敵。他作詩道：「我用一根驢腮骨殺了一千人，我用一根驢腮骨使屍體成堆。」

說罷把驢腮骨扔到一旁，揚長而去。那地方因此得名拉末利希，意思是「腮骨岡」。

參遜是有口皆碑的「大力士」，留下許多力大無窮的故事。本篇提到，他僅用一根驢腮骨就殺死一千個非利士人。

非利士人原是地中海東岸島嶼的古代居民，以色列人到達迦南前不久才由克里特島侵入迦南沿海地帶。他們很早就掌握了煉鐵技術，擁有先進的武器。他們屢次戰勝與之爭霸的以色列人，包括士師參遜和國王掃羅。後來，其囂張氣焰被大衛王所遏制。

右圖：參遜……順手撿起一塊還沒乾的驢腮骨，用它殺死一千個仇敵。

5-11 | 扛門上山

參遜虔信上帝，每次遇到難事都求告上帝。一天他口乾舌燥，呼求耶和華道：「你既然使僕人大勝仇敵，為什麼又讓我口渴呢？莫非你想讓我渴死，落在那些非利士人手中嗎？」上帝讓利希的地面裂開，湧出泉水。參遜飲用泉水後，又重新振作起精神。那泉水由此得名隱哈歌利，意思是「呼求者」。

非利士人統治期間，參遜做以色列的士師二十年。

有一天，參遜來到非利士人控制的迦薩城，遇見一個妓女，就跟她睡覺。迦薩人發現參遜來到城裡，迅速包圍起那座房子。他們整夜埋伏在城門口，沒有採取行動，自言自語地說：「我們等天亮了再去殺他。」

參遜半夜就起，把城門拆下來，連門扇帶門柱、門閂都拆掉扛在肩上，運到離希伯侖不遠山頂上。

後來，參遜在梭烈谷愛上一個女人，名叫黛莉拉。

非利士人的首領聽說後，找到黛莉拉，對她說：「你要用計試探參遜，搞清他為什麼有那麼大的力氣，我們怎樣才能勝過他，綁縛他，使他就範。如果你能探聽出來，我們每人賞給你一千一百塊銀幣。」

參遜下次再來時，黛莉拉問他：「請告訴我，你為什麼有那麼大的力氣？有什麼辦法綁縛你，使你就範？」

參遜回答：「這件事簡單。如果用七根未乾的青繩子捆起我，我就跟平常人一樣失去力量。」

於是非利士首領把七根未乾的青繩子交給黛莉拉。黛莉拉叫人在房內的隱蔽處埋伏好，然後把睡著了的參遜捆起來。黛莉拉呼叫道：「參遜啊，非利士人捉你來了！」哪知參遜輕輕一掙扎，青繩子就像麻繩碰到了火，一下子斷開。

這樣，他們還是不知道參遜的力氣從哪裡來。

「扛門上山」是參遜的又一個「大力士」故事。

但是，參遜並非色調單一的大力士，而被賦予生動、豐富而複雜的個性。他常有機智精明的舉動，如向三十個非利士伴郎出謎語。他把尾巴上插著火把的狐狸趕進非利士人的麥田，既是報復又帶有惡作劇性質。

他還非常貪戀女色，始終以結交女人為樂事。他的主要經歷幾乎都與女人相關，就連最後束手就擒，也是由於女人的出賣。

右圖：他把城門……扛在肩上，運到離希伯侖不遠山頂上。

5-12 洩露秘密

不久參遜又來找黛莉拉，黛莉拉氣惱地說：「你愚弄了我，欺騙了我！告訴我，怎樣才能把你捆起來？」

參遜回答：「如果用從未使用過的新繩子捆綁我，我就跟平常人一樣，沒有力量。」

於是，黛莉拉讓人等候在室內的隱蔽處，然後把參遜哄睡著，用新繩子捆起他。她喊道：「參遜啊，非利士人抓你來了！」不料參遜一躍而起，掙斷手臂間的繩子，像掙斷細線一樣。

又一次，參遜來找黛莉拉，黛莉拉說：「你還是愚弄我，欺騙我！現在要對我說實話，怎樣才能捆綁你？」

參遜回答：「如果把我頭上的七根辮子都編進織布機裡，再用橛子釘牢，我就跟平常人一樣，再也沒有力量。」

黛莉拉把參遜哄睡著，把他頭上的七根辮子編進織布機裡，又用橛子釘牢。接著喊叫道：「參遜啊，非利士人捉你來了！」

參遜從睡夢中驚醒，跳將起來，一下子把頭髮從織布機裡拔出來。

幾天後參遜又來找黛莉拉，黛莉拉佯裝嗔怪，嘟噥道：「你根本不愛我，你愚弄我三次，一直不告訴我你為什麼有那麼大的力氣！」

黛莉拉不厭其煩地討問。參遜被糾纏得實在受不了，就把秘密告訴了她。參遜說：「我的頭髮從來沒有剃過，因為我一出生就獻給上帝做拿細耳人。如果我的頭髮剪了，就會失去力量，跟普通人沒有區別。」

就這樣，參遜把最後的秘密洩露給了黛莉拉。

參遜與黛莉拉的性愛糾葛是參遜故事中可讀性最強的片斷。除了「英雄難過美人關」的深刻寓意外，作者的寫作技巧也令人擊案叫絕。黛莉拉四次探聽參遜的秘密，參遜前三次都以戲言捉弄她，前後的句式大體都相同，熟練地運用了東方民間故事常見的「呼應」和「回環」章法。

參遜複雜豐厚的個性特徵引起世人的濃郁興趣，他的故事以多姿多彩的面貌出現在後代許多作家筆下。

僅以中國現代小說家茅盾的《參遜的復仇》為例。為了把參遜和黛莉拉寫得栩栩如生，茅盾增加幾近原著兩倍字數的篇幅，精心構思、濃墨重彩地描寫了黛莉拉的四次探秘和參遜的各種心理反應。其間不但精心表現人物的語言和動作，還多方面揭示其複雜的精神世界，把參遜塑造成一個血肉豐滿的人間勇士。

右圖：參遜說：「如果我的頭髮剪了，就會失去力量……。」

162

5-13 | 同歸於盡

黛莉拉知道參遜已經把秘密告訴了她，就去對非利士首領說：「他已經把秘密告訴了我，你們來捉他吧！」非利士人聞訊趕來，還帶來獎賞黛莉拉的銀子。

黛莉拉哄參遜在她腿上睡著，叫人剪掉他的七根辮子。接著喊道：「參遜哪，非利士人捉你來了！」

參遜醒了，心想他還能像以往那樣，掙扎一下即可脫身。不料此時耶和華已經離棄了他，他再也沒有反抗的力量。

非利士人抓住他，挖出他的兩眼，把他押解到迦薩。在那裡用銅鏈子鎖住他，叫他在監牢中推磨。

然而，幾天之後，參遜的頭髮又長了起來。

非利士人歡慶勝利，向他們的神靈大袞獻大祭。他們想在大袞的廟裡戲弄參遜，就把他提出監牢，帶到神廟中央。眾人看到參遜，齊聲頌贊大袞神說：「仇敵參遜殺人成性，大袞神把他交在我們手中！」

那時廟裡擠滿了人，大約有三千個非利士男女，他們都在興致勃勃地觀看參遜如何被戲弄。

參遜對牽他手的童僕說：「讓我摸摸支撐這廟宇的柱子，我要靠一靠。」摸到柱子後，參遜禱告道：「至高的耶和華啊，求你紀念我！上帝啊，求你再一次賜給我力量，讓我報非利士人挖我眼睛的仇！」

說著用兩手撐住大廟的柱子，一邊一根，高聲呼喊：「讓我跟非利士人同歸於盡吧！」同時用盡所有的力量，把柱子推倒。

頓時大廟倒塌，把在場的人全都砸死。參遜也死了，他死時殺的敵人比活著的時候所殺的還多。

參遜做以色列人的士師共二十年。

參遜用力推倒支撐神廟的巨柱，與在場的三千非利士人同歸於盡，是參遜故事中最為激動人心的時刻。

參遜誓與敵人血戰到底的英雄氣概無疑深深震撼了17世紀的英國詩人彌爾頓。彌爾頓是英國資產階級革命年代的又一個參遜，他從雙目失明仍抗戰到底的參遜身上看到人生終極意義的閃光，感受到巨大的心靈震顫和共鳴，乃於他自己雙目失明的晚年寫出詩體悲劇《鬥士參遜》。他大膽虛構，增入原著所無的許多人物和故事，將詩劇寫成了對世間艱難永不妥協的戰鬥宣言書。

右圖：參遜……用盡所有的力量，把柱子推倒。

5-14　利未人之妾受辱而死

　　住在以法蓮山地的一個利未人娶了一個猶大伯利恆的女子為妾。一次，妾回娘家住了四個月，那利未人帶著僕人和毛驢去接她。

　　他來到猶大的伯利恆，得到岳父的熱情款待，在那裡住了三天。到第四天，利未人要走，岳父執意挽留，他只好又住一天。

　　到了第五天下午，利未人堅持動身，岳父無論如何留不住，便放他們啟程。他備好毛驢，帶著僕人和妾上了路。

　　臨近耶布斯的時候，太陽即將落山，僕人提議進城投宿。主人覺得耶布斯是外邦人的城，不安全，不如到前面的基比亞去。

　　他們繼續前行，日落以後到達便雅憫人居住的基比亞。看到周圍家家關門閉戶，無人留他們投宿，他們就在城裡的街道上坐下來。

　　這時，一個老人從田間回家，發現有人在街頭露宿，就問他們來自何方，要去何處。

　　利未人回答：「我們從猶大的伯利恆來，正要回家去，我住在以法蓮山地旁邊。這裡沒有人收留我們，其實我們有足夠的飼料餵驢子，也有足夠酒食。」

　　那老人說：「你不要擔心，到我家去吧。不要在街上露宿，這裡很危險。」說罷，就帶他們回他的家。

「利未人之妾受辱而死」在聖經中不失為奇文。基比亞城泛濫男色之風，較族長時代的所多瑪有過之而無不及。歹徒們欲對過路的利未人非禮，無法如願，竟終夜凌辱他的妾，把她活活折磨致死。這醜惡的罪行即使今天看來也令人髮指。

　　他們和老人正吃晚飯時，城裡的一群惡徒前來圍住他的房子，叩門擾嚷，讓老房主交出投宿的客人，供他們玩樂。

　　老人出去勸阻道：「弟兄們哪，不可幹那種卑鄙的事。我有個女兒，現在還是處女，還有這個人的妾，我把她們都交出來，任憑你們處置。只是不要在我的客人身上幹那種醜事。」

　　他們拒不應允。利未人只好把自己的妾推出門去，交給他們。他們就終夜凌辱她，與她交合，直到天快亮時才放她回去。她回到丈夫所在的屋門前，就昏死在地上。

　　天亮時她丈夫開門出來，發現她躺臥在門口，手搭在門檻上，就呼喚她：「起來吧，我們要趕路了。」

　　可是，那女人不作聲，她已經死了。

5-15 眾民討伐基比亞

　　那利未人見他的妾已被凌辱至死，就把她的屍體馱在驢背上運回家去。到家後，他把屍體肢解成十二塊，派人分別送到以色列的十二支派，每支派一塊。

　　這件可怖的事震動了全民族，人們議論紛紛地說：「自從以色列人出埃及以來，我們當中還沒有發生過這種可怕的罪行。對此，我們必須採取行動。」

　　於是，從但到別是巴的以色列人都集合到米斯巴開會，持槍的步兵共計四十萬人。他們聽遇害人的丈夫介紹了慘案的經過，義憤填膺地表示，要聯合成一個人，齊心協力地攻擊基比亞。

　　以色列民眾派代表去質問便雅憫人：「你們中間怎麼發生了如此醜惡行為？現在你們必須把基比亞的流氓交出來，將他們治死，從以色列中除掉這夥惡徒！」

　　孰料便雅憫人卻不聽眾人勸告。他們從各自城裡匯合到基比亞，要與以色列人決一勝負。二萬六千戰士中有七百精兵，都是左撇子，能用甩石器毫釐不差地擊中目標。

　　雙方交戰後，便雅憫人先勝，第一天就殺死以色列人二萬二千，第二天又殺死一萬八千，都是持槍戰士。第三天，以色列人在基比亞四周設下伏兵，交戰不久就把對方的隊伍引進埋伏圈。接著以勇猛的氣勢殺死便雅憫勇士二萬五千一百人。隨後，他們又一鼓作氣，把便雅憫支派的百姓和牲畜斬盡殺絕。

　　便雅憫人幾乎全族覆滅，只剩下六百個男子逃到臨門磐，幸免一死。

　　基比亞城的罪行發生在便雅憫境內。便雅憫是雅各十二子中年齡最幼小的一個，是約瑟的同胞弟弟，在世時深得雅各疼愛，其後裔成為果敢善戰的一族，曾孕育出著名士師以笏和日後的名王掃羅。但在士師時代，其族內的基比亞人竟犯下將婦女凌辱致死的罪行，當時婦女任人蹂躪的屈辱地位可見一斑。這件事引起公憤，說明以色列眾人的良知未泯。便雅憫人因此險遭滅族之禍，這是士師時代以色列各支派間發生的最大內亂。

右圖：那利未人……把她的屍體馱在驢背上，運回家去。

5-16 便雅憫人搶妻

以色列人在米斯巴時，曾向耶和華起誓：「我們必不把女兒嫁給便雅憫人為妻。」現在，便雅憫支派面臨滅族的危險，他們後悔起來，想找出辦法，能使幸存的六百個便雅憫男子都娶到妻子。

他們彼此詢問道：「上次在米斯巴向耶和華起誓時，有哪些人沒有到場？」結果查出住在基列的雅比人一個也沒有到場。

於是他們派出一萬二千名勇士血洗基列城，把男人和已婚婦女全都殺死，只留下四百個年輕處女，帶到示羅的營地裡。

然後，他們派人去臨門磐，告訴那裡的便雅憫人：「戰事已經結束，你們可以回家了，回後有基列的雅比女子給你們做妻子。」

但雅比的處女數量不夠。怎麼辦呢？

長老們想起來，示羅年年都有祭拜耶和華的節期，許多年輕婦女去那裡跳舞過節。何不讓便雅憫人潛伏在那裡的葡萄園中，搶些在節期裡跳舞的女子為妻呢？

他們為便雅憫人出主意，說：「你們可以悄悄地藏在示羅的葡萄園裡，等那地方的女子出來跳舞時，冷不防衝出來，每人搶一個回家做妻子。

「如果她們的父親或弟兄與你們爭論，就向他們求情，說你們本族的婦女打仗時都死光了，從本族中無法娶到妻子。要對他們說，你們其實沒有罪，所以，特別希望得到他們的諒解和成全。」

便雅憫人接受了建議。他們按照所需的人數把跳舞的女子搶去為妻，帶回自己的家鄉，和她們生兒育女過日子。

「便雅憫人搶妻」記載了兩次大規模搶劫婦女為妻事件。為了使便雅憫人不至於滅族，以色列長老想出這個主意，為僅存的六百個便雅憫男子組織家庭。第一次，他們從基列城搶來四百個處女。第二次，則讓便雅憫人出面，潛伏在示羅的葡萄園中，待年輕的女孩子前去過節時，冷不防衝出來，各搶一個回家做妻子。

搶妻是古猶太婚姻的補充形式之一。從聖經中可知，當時的主要婚姻形式是一夫一妻制或一夫多妻制。這兩類婚姻都讚賞家族內聯姻，尤其是堂親或表親之間的聯姻；規定哥哥死後，弟弟有義務娶寡嫂為妻，為哥哥傳後並防止本家族的財產外流。人們有時也與異族聯姻，儘管為了防止異教習俗滲入，摩西律法堅決反對猶太人與異族通婚。

右圖：他們……把跳舞的女子搶去為妻。

172

5-17 | 路得跟婆婆回鄉

很久以前，當士師治理以色列時，猶大地方發生了饑荒。在伯利恆，一個名叫埃里梅克的人帶妻子納娥美和兩個兒子去摩押逃荒。兩個兒子都娶了摩押族的女孩子，一個叫娥珥巴，另一個叫路得。

十年後，埃里梅克和他的兩個兒子都死了，只剩下納娥美和兩個兒媳婦。納娥美聽說猶大地區的年景已經好轉，就想離開摩押，回自己家鄉去。

臨動身時，她對兩個兒媳婦說：「你們還是回娘家吧，願耶和華使你們都有再婚的機會，各有歸宿。」

兩個兒媳婦哭了起來，對她說：「不，我們願意跟著你，回到你的故鄉去。」

納娥美說：「女兒啊，回去吧。為什麼要跟我走呢？我還能再生兒子，來做你們的丈夫嗎？」

她們又哭了起來。接著，娥珥巴吻別婆婆，回娘家去了。但路得還是依依不捨。納娥美再次勸她回娘家。

路得回答：「不要勉強我離開你，讓我跟你一起回去吧。你去哪裡，我也去哪裡；你住在哪裡，我也住哪裡；你的同胞就是我的同胞；你的上帝就是我的上帝。你死在哪裡，我也要死在哪裡，葬在哪裡。除了死，任何事都不能使你和我分離。」

納娥美見路得的態度這樣堅決，就不再勸她。她們一起回到故鄉伯利恆。全城的人見了她們都很高興，婦女們驚叫著說：「這不是納娥美嗎？」

就這樣，路得跟著婆婆納娥美從摩押回到了伯利恆。

路得跟隨婆婆納娥美回故鄉的故事表現出開放型的民族觀和上帝觀。

為了免遭異族同化，在漫長的年代中，狹隘民族主義在猶太精神領域一直居主導地位。例如，波斯時期的復國領袖以斯拉、尼希米堅決反對與異族通婚，試圖以此達到淨化民族信仰的目的。

《路得記》的作者顯然不贊成這種偏激的作法。他以士師時代的社會生活為背景，通過摩押族女子路得兩次嫁給猶太人，終於得到美滿婚姻的故事，借古諷今地肯定了不同民族間的聯姻和互助。路得對婆婆納娥美說：「你的同胞就是我的同胞，你的上帝就是我的上帝，」以開闊的襟懷表達出「天下一家親，皆為上帝民」的大同觀念。

右圖：路得回答：「……讓我跟你一起回去吧。」

5-18　路得拾麥穗

　　納娥美有個親戚，名叫博亞茲，既有錢又有地位，是她丈夫埃里梅克的親族。

　　路得和納娥美回到伯利恆時，正是開鐮收割大麥的季節。有一天，路得對納娥美說：「讓我去田裡拾麥穗吧，我一定會遇到好心人。」納娥美同意了。

　　路得來到田間，跟在收割的人後面拾麥穗。那塊田恰好是博亞茲的。

　　不久博亞茲從伯利恆回來，向田裡的工人問安，又指著路得問：「那是誰家的女孩子？」

　　領班的工人回答：「她就是跟納娥美從摩押回來的那個外邦女子。她一大早就來拾麥穗，剛剛停下來，在涼棚裡休息。」

　　博亞茲走過去，對路得說：「姑娘，你不要到別人的田裡去，就留在這裡拾麥穗吧。我已經吩咐工人，不可欺負你。你如果渴了，就到放水罐的地方，喝他們打來的水。」

　　路得向博亞茲下拜，伏在地上說：「我是一個外邦人，你為什麼待我這麼好，這樣關心我？」

　　博亞茲說：「你丈夫死後，你待婆婆的種種孝行我都聽到了，我知道你怎樣離開父母和自己的國家，來到一個陌生的民族中。願耶和華照你所做的報答你！」

　　當路得又去拾麥穗時，博亞茲吩咐他的工人說：「讓她隨便撿拾。甚至要從紮好的禾捆中抽出些來，讓她去拾。」

　　路得就這樣在田裡工作。到傍晚時她把拾到的麥穗打成麥粒，裝了差不多一大簍。

　　後來，路得嫁給博亞茲，生了一個兒子，取名俄備得。俄備得又生耶西，耶西就是大衛王的父親。

陸

掃羅、大衛、所羅門

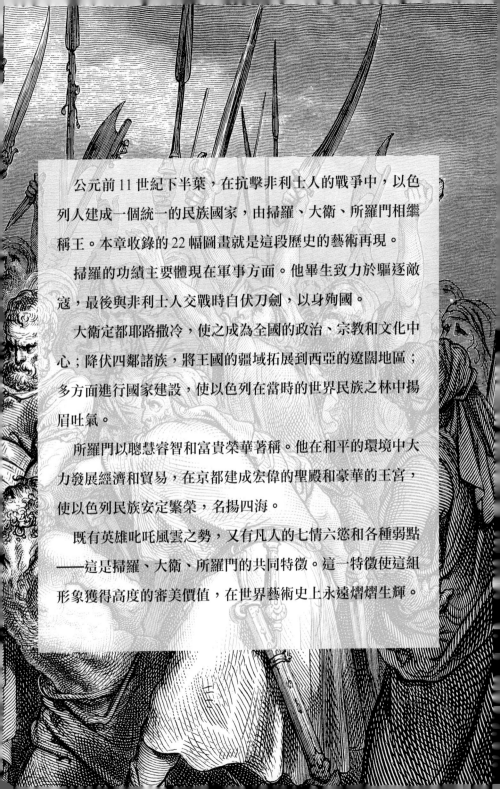

　　公元前11世紀下半葉，在抗擊非利士人的戰爭中，以色列人建成一個統一的民族國家，由掃羅、大衛、所羅門相繼稱王。本章收錄的 22 幅圖畫就是這段歷史的藝術再現。

　　掃羅的功績主要體現在軍事方面。他畢生致力於驅逐敵寇，最後與非利士人交戰時自伏刀劍，以身殉國。

　　大衛定都耶路撒冷，使之成為全國的政治、宗教和文化中心；降伏四鄰諸族，將王國的疆域拓展到西亞的遼闊地區；多方面進行國家建設，使以色列在當時的世界民族之林中揚眉吐氣。

　　所羅門以聰慧睿智和富貴榮華著稱。他在和平的環境中大力發展經濟和貿易，在京都建成宏偉的聖殿和豪華的王宮，使以色列民族安定繁榮，名揚四海。

　　既有英雄叱吒風雲之勢，又有凡人的七情六慾和各種弱點——這是掃羅、大衛、所羅門的共同特徵。這一特徵使這組形象獲得高度的審美價值，在世界藝術史上永遠熠熠生輝。

6-1 │ 約櫃回歸伯示麥

撒母耳做以色列人的士師時，非利士人時常出兵侵擾。一次非利士人從亞弗進攻，以色列人敗北，四千軍兵被殺。

眾人回到營地後，長老們說：「我們何不把耶和華的約櫃從示羅運來，讓它救我們脫離敵手呢？」

於是，他們就把上帝的約櫃運到營中。以色列人大聲歡呼，聲震天地。非利士人聞訊後懼怕了起來，說：「我們要遭殃了！從前在曠野用各種災禍擊打埃及人的，就是他們的上帝！」

他們相互鼓勵道：「非利士人哪，要剛強勇敢，與以色列人作戰，免得做他們的奴隸！」

再次開戰，以色列人竟敗得更慘，不但步兵傷亡三萬，就連上帝的約櫃也被擄去。

非利士人把約櫃運到亞實突，抬進大袞廟，放到大袞的偶像旁邊。次日清晨，亞實突人發現大袞倒臥在約櫃面前，臉朝地。他們連忙把它扶起來，仍將它立在原處。

第三天早晨，他們發現大袞又倒臥在約櫃面前，臉朝地面，而且頭和兩臂都在門檻上摔斷，只剩下一副殘破的肢體。大袞的祭司和前來敬拜的人見此情景，都不敢再進廟門。

約櫃是猶太教的至聖之物，係一裝飾精美的皂莢木方櫃，內外包有金箔，四周鑲有金花邊。內藏寫有十誡的兩塊法版，據信乃是由耶和華上帝在西奈山上賜給摩西的。

以色列人與非利士人交戰時，約櫃一度落入敵手，被當成戰利品放進大袞廟。但大袞廟卻因此禍患叢生，先後放置過約櫃的亞實突、迦特和以革倫城也災難連綿。非利士人無可奈何，只得讓約櫃完璧歸趙。本文便記述了這一經過。

右圖：伯示麥人……舉目望見約櫃，高興得歡呼起來。

後圖：局部

由於約櫃被擄掠到亞實突，耶和華嚴厲地懲罰亞實突人，使他們都生了痔瘡。

亞實突人連忙把約櫃送到迦特城。不料耶和華又使迦特的大人小孩都生了痔瘡。

他們只得把約櫃再運往以革倫。孰料以革倫人也因此獲罪，死傷無數，以致合城哀號，聲音上達於天。

最後，非利士人不得不把約櫃放在牛車上，攜帶貴重的禮物，把它送還給以色列人。

牛車沿著大道，往以色列人的伯示麥緩緩而行。非利士人的首領跟在後面，一直護送到目的地。

伯示麥人正在田間收割麥子。他們舉目望見約櫃，高興得歡呼起來。

6-2 撒母耳膏立掃羅

便雅憫人基士有個兒子名叫掃羅，是個英俊的美男子，比別人都高出一個頭。

有一天，基士的幾匹毛驢走失了，讓掃羅帶著僕人去尋找。這時，先知撒母耳迎面走來，要到祭壇去。

掃羅未來之前，耶和華就告訴撒母耳：「我將派來一個便雅憫人，你要用油塗抹他，立他做以色列的統治者。」撒母耳看到掃羅後，耶和華對他說：「這就是我告訴你的那個人，他將治理我的子民。」

撒母耳對掃羅說：「你父親丟的那些毛驢已經找到了。然而，以色列民眾正在尋找誰呢？那就是你，以及你父親的家族。」

掃羅不解地問：「你為甚麼對我說這種話呢？」

撒母耳領著掃羅和他的僕人走進一個大房間，讓他們坐在首位，並讓掃羅當著客人的面，吃他特意為他準備的腿肉。

次日天亮後，僕人先走了，撒母耳拿出一瓶橄欖油，塗在掃羅頭上，說：「耶和華膏立你做以色列的統治者，你將治理他的子民，救他們脫離仇敵的手。」

掃羅離開撒母耳時，上帝賜給他一顆新心。

撒母耳召集眾人在米斯巴開會，宣布上帝將為其子民選出一個王。百姓從各支族中抽籤選出便雅憫支族，從便雅憫支族中選出瑪特利家族，從瑪特利家族中選出基士的兒子掃羅。

眾人把掃羅圍在當中，高聲呼喊：「願王萬歲！」就這樣，掃羅成為以色列人的第一個國王。

掃羅是以色列古代王國的首任國王，他的登基開創了一個新時代。本文所述便是掃羅登基的過程。

文中提到希伯來古俗塗油禮，這是國王登基儀式上的核心程式。行施時由德高望重的老祭司將神聖的橄欖油塗在某人頭上，示意此人乃由上帝揀選並設立，他的權柄將得到神寵福佑。從《舊約》看，接受三種重要職務需要受膏：先知、祭司和君王。

右圖：掃羅不解地問：「……你為什麼對我說這種話呢？」

6-3 撒母耳誅滅亞甲

撒母耳向掃羅傳達神諭說：「現在你去攻打亞瑪力人，除滅他們的一切，將男女老少連同牛、羊、駱駝和毛驢，全都殺死。」

於是掃羅在提拉因招聚了二十萬步兵，另加一萬猶大人，來到亞瑪力人的京城附近，在山谷中設下埋伏。

掃羅對追隨亞瑪力人的基尼人說：「你們趕快逃命吧！否則我就把你們和亞瑪力人一同消滅，因為以色列人出埃及時，你們曾優待亞瑪力人。」基尼人聽到這話，就去另尋生路。

掃羅從哈腓拉直到書珥全面進攻，猛烈攻擊亞瑪力人，殺盡百姓，活捉他們的王亞甲。掃羅和以色列眾人殺了傷殘病弱的牲畜，卻憐惜肥壯的牛、羊和其他財物，憐惜亞甲，不肯揮刀除掉。

耶和華對撒母耳說：「掃羅不遵守我的命令，我悔不該立他為王。」撒母耳指責掃羅：「你為何不聽從耶和華的命令，忙於擄掠財物呢？」

掃羅辯解道：「我聽從命令了。我除盡了亞瑪力人，活捉了他們的王亞甲。百姓從繳獲的物品中選出最好的牛羊，是想在吉甲獻給上帝。」

撒母耳指出掃羅所犯罪行的嚴重性：「悖逆的罪與行邪術的罪相等，頑梗的罪與拜假神和偶像的罪相同。你既然不服從耶和華的命令，耶和華也厭棄你做王。」

掃羅說：「我實在犯了罪。雖然如此，仍求你在百姓面前抬舉我，和我一同回去。」撒母耳答應了。

撒母耳命令：「把亞瑪力王亞甲帶到我這裡！」亞甲心存僥幸地來到撒母耳面前，以為死亡災難已過去。不料撒母耳說：「你既然用刀使婦女們喪失兒子，你母親也要喪子！」說罷下令在吉甲把亞甲處死。

掃羅登基後在家鄉基比亞治理國事。1922 年，美國考古學家奧勃萊在距耶路撒冷五公里的地方發現基比亞遺址，得知掃羅接見訪客的房間只有八公尺長，五公尺寬，室內簡樸，沒有金、銀、象牙裝飾。由於當時以色列各支派在很大程度上仍舊獨立為政，掃羅的權力其實很有限。他是從士師秉政向王權轉換時期的過渡人物，只算是一個「准國王」。本文解釋了掃羅被耶和華廢黜的原因：在攻打亞瑪力人時，他違命擄掠了財物，並不殺亞瑪力王亞甲。亞甲雖在掃羅面前僥幸活命，最後還是被撒母耳處死。

右圖：撒母耳……下令在吉甲把亞甲處死。

6-4 大衛擊斃戈利亞

有一個迦特城的非利士巨人名叫戈利亞。他身高三公尺，穿著七十五公斤重的銅鎧甲，頭戴銅盔，兩腿用銅甲保護，肩背一杆銅標槍。他的銅標槍像織布機的軸那麼粗，僅槍頭就有七公斤重。

他走出營帳，向以色列人挑戰道：「你們這群掃羅的奴隸！有哪個敢出來跟我較量？」掃羅和手下的官兵聽到他的話，個個心驚膽戰。

戈利亞每天早晚都向以色列人挑戰，一連四十天。掃羅向全軍宣告：誰能殺了戈利亞，定有重賞；國王要把女兒嫁給他，還豁免他父親家的稅務。

大衛是猶大人耶西的小兒子，常在伯利恆為父親牧羊。他有三個哥哥跟掃羅一起打仗。

有一天他照父親的吩咐，帶著食物去看望哥哥們，恰好遇上戈利亞罵陣。他氣憤地找到掃羅，要與那個非利士人交戰。

掃羅說：「你還是個孩子，怎麼能跟那個巨人交戰呢？」

大衛回答：「我牧羊時遇到野獸，能赤手空拳地打死偷襲羊群的獅子和熊。現在，我必定讓那個狂妄的非利士人像我打死的獅子和熊一樣！」

掃羅將信將疑地說：「你就去試試吧，願耶和華與你同在。」說著把他的鎧甲、頭盔和兵器拿出來，給大衛使用。

大衛把掃羅的戰袍和武器推到一旁。他只拿了牧羊杖，從溪邊揀五塊光滑的石子，再帶上投石器，就去迎戰戈利亞。

這個片段篇幅不長，卻十分精彩，引人入勝。戈利亞身材高大，披堅執銳，不可一世；大衛只拿了牧羊杖、投石器和幾塊石子，就鎮定自若地將他擊斃——在如此鮮明而強烈的對比中，一個沈著、勇猛的少年英雄形象突顯出來。

右圖：大衛……從他的鞘裡拔出刀，砍下他的頭。

後圖：局部

　　戈利亞見以色列營中走出一個小伙子，輕蔑地說：
「你拿根杖出來幹什麼？以為我是一條狗嗎？來吧，看
我怎樣把你的屍體扔給飛鳥和野獸吃！」

　　大衛回答：「今天，你的死期到了，萬軍的統帥耶
和華要把你交在我的手中了！」說著向非利士人的陣
地跑去，一邊跑一邊掏出石子，用甩石器向戈利亞甩
去。那石子正中戈利亞的前額，把他打得腦漿飛濺，
倒在地上。大衛跑上前去，從他的鞘裡拔出刀，砍下
他的頭。

　　非利士人見他們的英雄死了，急忙狼狽逃竄。以色
列人在後面追擊，一直追到迦特和以革倫的城門口。

6-5 掃羅刺殺大衛

大衛擊斃戈利亞後，以色列人的隊伍凱旋而歸，婦女們歡天喜地地出城迎接。她們興高采烈地唱歌跳舞，拍著手鈴鼓，彈著七弦琴，不住地歡呼：

「掃羅殺死千千，

大衛殺死萬萬！」

掃羅聽到這話很生氣，惱怒地說：「把千千給我，萬萬給大衛，只差王位沒給他了！」從這以後，掃羅就忌恨大衛，處心積慮地除掉他。

第二天有邪靈從耶和華那裡來，控制了掃羅。大衛跟往常一樣為他彈撥豎琴，他卻像瘋子般胡言亂語。

掃羅抓起一把矛槍，自言自語地說：「我要把他釘在牆上！」說著就向大衛擲去。他連擲兩次，都被大衛躲開。

大衛指揮一支一千人的隊伍，出入戰場所向無敵，因為耶和華與他同在。掃羅見到大衛事事成功，心中更加害怕。但以色列百姓都愛戴大衛，因為他是個卓越的將領。

掃羅許願把大女兒米拉嫁給大衛，條件是他必須做一個勇敢的軍人，忠心服侍國王，出生入死地打仗。其實，掃羅盤算著，要借非利士人的刀殺死他。

大衛回答：「我是誰？我的家族算什麼？我哪裡配做國王的女婿？」

到了米拉該跟大衛成婚時，掃羅卻把她嫁給米何拉人亞得列。

但是，掃羅的另一個女兒米甲卻愛上了大衛。

掃羅是一個性情複雜的人物，既有剛烈豪爽的一面，也有狹隘狠毒的一面，本段集中表現了他的後一面。

大衛戰勝戈利亞後，婦女們高唱勝利的凱歌，掃羅從中聽出的卻是自己王權的危機。由此，他怒視大衛，喪心病狂地迫害他，對他接連當面行刺，隨後又陰謀借刀殺人，並帶兵四處追捕他。因為掃羅見大衛精明強悍，深得民心，必欲置其死地而後快。

然而，極具諷刺意味的是，大衛卻一再得到掃羅子女約拿丹和米甲的保護。約拿丹、米甲保護大衛時的機敏和辯才，與掃羅的凶狠愚頑形成對照，流露出作者對掃羅不義之舉的義憤和譴責。

右圖：掃羅抓起一把矛槍，……說：「我要把他釘死在牆上！」

6-6 | 米甲救大衛

掃羅得知女兒米甲愛上了大衛，很高興，想讓她作圈套，使大衛死在非利士人手裡。他對大衛說：「做我的女婿吧！」還讓手下的人去游說大衛：「國王賞識你，你就娶他女兒吧！」

大衛回答：「我出身卑微，哪裡配做國王的女婿，得享這樣的殊榮！」這話傳到掃羅耳中。掃羅又讓人給大衛傳話：「國王只要一百個非利士人的包皮做聘禮，他想以此報復仇敵。」其實這是個陰謀，掃羅打算借非利士人殺死大衛。大衛聽掃羅這樣說，高興地同意了做他的女婿。他帶領部下衝進非利士營地，殺死二百個敵人，割下他們的包皮，在掃羅面前數點後交給他。

掃羅不得不把女兒米甲嫁給大衛。他看出耶和華確實跟大衛同在，女兒米甲也愛大衛，就更害怕他，不遺餘力地跟他作對。

有一天，大衛正在屋裡彈琴，掃羅突然把矛槍擲向大衛，被大衛躲過，扎在牆上。大衛急忙逃跑，離開王宮。當晚，掃羅派人守住大衛的家，要於次日早晨殺死他。大衛的妻子米甲把大衛從窗口縋下去，幫助他逃走。

接著，米甲把家裡的一尊偶像放到床上，用山羊毛枕頭墊下頭下，蓋上被子。掃羅的人來捉大衛時，米甲謊稱大衛病了。掃羅讓他們再去，非見到大衛不可，連人帶床都抬到宮裡。他們來到大衛的家，發現床上躺的是一尊偶像，頭下枕著山羊毛枕頭。

掃羅得知情況後問米甲：「你為什麼騙我，讓我的對頭逃跑呢？」

米甲回答：「他說，我要是不幫他逃，他就殺死我。」

「米甲救大衛」如同一幕小戲，以生動的情節說明大衛得道多助，而掃羅卻失道寡助。

其中提到米甲家的偶像，為研究古代猶太教提供了值得注意的材料。這個偶像大如真人，米甲讓大衛逃脫後將它放在床上，頭枕在山羊毛枕頭上，軀體蓋上被子，宛若床上躺了真人。可見直到王國時期，以色列民族還流行祭拜偶像之風。國王女兒的家中尚且有如此龐大的偶像，何況是普通的平民百姓家呢！

右圖：米甲……把大衛從窗口縋下去，幫助他逃走。

6-7 | 大衛和約拿丹

掃羅告訴他兒子約拿丹，他要除掉大衛。約拿丹很愛大衛，連忙給大衛通風報信，讓他到一個隱蔽的地方躲起來。

約拿丹在掃羅面前稱讚大衛，並為他求情，說：「父親，請不要傷害你的僕人大衛。他從未做過對不起你的事，相反，他做的事對你都有益處。他冒著生命危險去殺戈利亞，那時你也很高興，現在為什麼卻無緣無故地傷害他呢？」

掃羅被約拿丹說服了，答應不殺大衛。

但沒過多久，他又開始仇恨大衛。一天，他見大衛沒在宮中就餐，就向約拿丹詢問原因，約拿丹告訴他：「大衛回伯利恆獻祭去了，所以沒來赴席。」

掃羅對約拿丹惡狠狠地說：「大衛若活在世間，你和你的國位必定不保。他是該死的。現在你就派人去捉拿他，捉住了交給我。」

約拿丹反問：「他為什麼該死？他做了什麼壞事？」掃羅見約拿丹頂嘴，竟抄起一條槍要刺死他。

約拿丹意識到他父親決意要殺大衛，就忿忿地站起來，沒吃飯便離席而去。

約拿丹愛大衛如同愛自己的生命。次日清晨，他按事先的約定，帶一個侍童來到田野，用暗號告訴大衛情況危險，讓他趕快逃走。

他把侍童打發回家，讓大衛從藏身之地走出來。

大衛見到約拿丹，俯伏在地向他連拜三次。兩人抱頭痛哭，大衛哭得尤其傷慟。約拿丹對大衛說：「願耶和華在你我之間作證，也在你我的後代中作證：我們永遠是親如手足的好兄弟。現在你平安地遠行吧！」大衛起身走了，約拿丹也返回城裡。

大衛是以色列歷史上最著名的國王，他留給後人一個類似中國三皇五帝的完美形象。大先知以賽亞相信，未來的救主彌賽亞將「坐在大衛的寶座上治理國家，以公平正義使國家堅定穩固」。

至基督教時代，大衛的仁愛、忍讓、寬恕、勇於懺悔等品質被抽象化，得以與耶穌的品行溝通；大衛甚至成為耶穌基督的預表。

作為一個道德範本，大衛的精神生活中擁有真摯感人的友誼，這種友誼在他和掃羅之子約拿丹的交往中最充分地表現出來。依據這段著名的聖經記載，後人用「大衛和約拿丹」比喻「生死與共的朋友」、「刎頸之交」或「至深的友誼」。

右圖：約拿丹對大衛說：「……我們永遠是親如手足的好兄弟。」

6-8 ｜ 大衛恩待掃羅

掃羅聽說大衛正在隱基底的曠野躲避，就選出三千精兵去野羊的磐石搜索他。

掃羅路過一個山洞時，進裡面大解，大衛和他的隨從剛好躲在那洞的深處。隨從對大衛說：「機會來了！耶和華說過，他要把你的仇敵交在你手中。現在，你可以隨意地處置他了。」

大衛悄悄爬過去，割下掃羅外袍的一角，掃羅毫不知曉。大衛對隨從說：「我們不能做任何傷害主人的事情，因為他是上帝選立的君王。」

掃羅站起身，走出山洞，要繼續趕路。大衛跟在他後面出來，高喊：「我主，我王！」掃羅轉過身去。

大衛叩首拜他，說：「你為什麼聽信讒言，說我想傷害你呢？你自己看看吧，剛才在洞裡，耶和華已經把你交在我手中，我的隨從要我殺你，我不肯，因為你是耶和華選立的君王。

「我父啊，請你看，我手裡是你外袍的一角。我不難殺死你，但只割下這塊衣角。由此你應該相信，我沒有背叛或傷害你的念頭。

「你知道有這樣的古語：『只有壞人才做壞事。』我不會傷害你，所以絕對不是壞人。然而，你卻一直在搜尋我，追殺我。請看，以色列王要殺的是什麼呢？只是一條死狗，一隻跳蚤而已。

「願耶和華詳察，保護我擺脫你的追殺。」

年輕的大衛雄姿英發，後來居上，功高蓋主，招致掃羅的嫉恨以及不遺餘力的迫害。但面對掃羅的追捕，大衛只是四處躲避，也從不還擊，甚至一再放棄輕取仇敵的機會。

本文通過大衛在隱基底山洞裡不殺掃羅，極力頌揚了他寬宏仁義、氣度非凡的性格和以德報怨的義者胸懷。

大衛說完這些話，掃羅感動得泣不成聲，說：「我兒大衛啊，那真的是你嗎？……你是對的，我錯了。我以怨待你，你卻以恩待我。今天，你是多麼善良，耶和華已經把我交給在你手中，你卻沒有殺我。人們遇到自己的仇敵，怎麼會讓他平安地過去呢？

「願上帝因你的善行賜福給你！現在，我已經知道你會做以色列的王，治理這個國家。你要指著耶和華的名答應我，一定要保護我的後代，使我和我家族的名聲不至於滅沒。」

大衛答應了掃羅的請求。於是掃羅班師回朝，大衛和隨從也回到他們躲藏的山寨。

6-9 | 掃羅尋訪女巫

掃羅曾經下令，以色列人不得交鬼、行巫術。

非利士人到書念安營，來勢洶洶。令掃羅心中恐慌，渾身發顫。他向耶和華求問吉凶，耶和華卻不藉著睡夢、烏陵或先知回答他。

掃羅吩咐手下的臣僕：「為我找一個會交鬼的婦人，我去問問她。」臣僕說：「隱多珥有一個會交鬼的女巫。」於是掃羅穿上別人的衣服，改換裝束，帶著兩個隨從，夜間去找那個女巫。找到後對她說：「求你用交鬼的法術把我要找的死人招上來。」

那女巫說：「你知道，掃羅要在國中清除交鬼和行巫術的人。既然如此，你為何陷害我，將我置於死地呢？」掃羅指著耶和華向女巫起誓：「你絕不會因為這件事受刑罰。」

女巫問：「我為你招誰呢？」回答：「招撒母耳。」撒母耳這時已經死去。女巫招出了身穿長衣的撒母耳。掃羅一見，連忙屈身下拜，臉伏於地。

撒母耳問掃羅：「你為什麼攪擾我，招我上來？」

掃羅回答：「非利士人大軍壓境，請指示我應該怎麼辦。」

撒母耳說：「耶和華已經離棄你，從你的手裡奪去國權，賜與大衛，因為你沒有按上帝的命令滅絕亞瑪力人。明天，你和你的兒子們就要同我在一起了，耶和華必將以色列的軍兵交到非利士人手中。」

撒母耳的話使掃羅驚恐萬狀，倒在地上。由於一天一夜沒吃東西，他已毫無氣力。那女巫見狀，急忙將家裡的肥牛犢宰了，又用麵烤成無酵餅，擺在掃羅和僕人面前。

掃羅和僕人吃完，連夜起身匆匆離去。

掃羅夜間前往隱多珥尋訪女巫之事為次日的戰局埋下伏筆，預告了以色列人必定慘敗，掃羅父子必定陣亡。

這段記載表明，當時以色列社會依然盛行尋巫招鬼的迷信活動，與律法書禁止交鬼的規定大相逕庭。

故事中一面是正宗信仰——招出的撒母耳亡靈向掃羅傳達了耶和華的旨意；另一面則是異教陋俗——撒母耳的亡靈是由女巫交鬼招出的，交鬼的陳腐形式為純正的猶太信仰所不容。

兩者混雜在一起，表現出猶太教從原始宗教環境中脫胎而來時的某些特點：本民族特色和異教的烙印兼而有之。

右圖：撒母耳的話使掃羅驚恐萬狀，倒在地上。

6-10 掃羅父子殉難

非利士人與以色列人在基利波山交戰，許多以色列士兵被殺，剩下的紛紛逃跑。

非利士人追上掃羅和他的兒子們，殺死他的兒子約拿丹、亞比拿達和麥基舒亞。

掃羅的周圍戰鬥猛烈，他被敵人的弓箭手射中，受了重傷。他對替他拿兵器的侍衛說：「拔出你的刀，殺了我吧！使那些未受割禮、目中無神的非利士人不能再淩辱我，刺死我。」

但那個侍衛非常恐懼，不敢動手，因為掃羅是上帝選立的君王。

於是掃羅拔出自己的刀，伏在上面自刺而死。那個侍衛見掃羅死了，也伏在刀上自殺，跟掃羅一起殉難。

那天，掃羅的將士全都陣亡了。耶斯列谷邊和約旦河東岸的以色列人聽說掃羅和兒子們陣亡的噩耗，紛紛棄城而逃。

非利士人占領了他們的城邑，燒殺擄掠，無惡不作。

戰後第二天，非利士人去搶被殺者的財物，發現掃羅和三個兒子的屍體還躺在基利波山上，就割下掃羅的頭，繳獲他的武器。

他們派人到非利士各地去，向他們的大袞神和眾人報告好消息，並把掃羅的武器放在亞斯他錄女神廟裡，屍體釘在伯珊的城牆上。

基列境內雅比城的居民聽說非利士人對掃羅的暴行，無不義憤填膺。有些勇敢的人走了一夜，來到伯珊，向掃羅和他兒子們的屍體表示深切的哀悼。

在「掃羅父子殉難」的場面中，最令人震撼的一瞬是掃羅寧可伏劍而死，也不肯遭受敵人的淩辱。作者借此頌揚了這位古代君王臨危不懼、視死如歸、至終不失民族氣節的壯烈精神。

掃羅悲壯就義的故事成為後代詩人百寫不厭的文學素材。英國詩人拜倫在《掃羅王最後一戰的戰前之歌》中寫道，掃羅在決戰之前，曾向將士們發表了氣壯山河的演講：

「武士和首領們！當我征戰時，

敵人的刀劍若將我刺穿，

休理會你們國王的屍首，

把鋒刃插進迦特人胸口！

掃羅的士兵若畏敵怕死，

持我雕弓、圓盾的衛士：

快把我刺倒，讓赤血流淌；

他們懼怕的，由我去承當！」

右圖：掃羅拔出自己的刀，伏在上面自刺而死

6-11 眾人哀悼掃羅父子

雅比城的勇士把掃羅和他兒子們的屍體從城牆上取下來，帶回去焚化，然後把骨灰葬在城裡的柳樹下，禁食七天。

大衛聽說掃羅父子陣亡的消息，悲痛地撕裂衣服，哀聲哭泣。他的部下也都撕裂衣服，為掃羅、約拿丹和陣亡的以色列同胞禁食哀悼。

大衛特為掃羅和約拿丹作了一首輓歌，名為《弓歌》，下令教給猶大的居民傳唱。歌詞是：

「在以色列的山上，
我們的領袖陣亡了！
我們最英勇的戰士倒下了！
不要在迦特張揚，
不要在亞實基倫傳佈。
不要讓非利士的婦女高興，
不要使外邦的女子快樂。
願基利波的山上再無雨露，
願它的田地永遠荒蕪。
因為英雄的鎧甲生鏽失色，

掃羅的盾牌不再油亮。
約拿丹的弓曾有致命的威力，
掃羅的劍曾所向無敵，
它們曾射穿頑寇，擊殺仇敵。
掃羅和約拿丹可敬可愛！
他們活著在一起，死後也不分離。
他們比雄鷹更敏捷，比猛獅強壯。
以色列的婦女啊，要為掃羅哀哭！
他使你們穿上艷紅的衣裝，
使你們佩戴上金銀珠寶。
英雄們竟倒下了，死在戰場；
約拿丹竟倒斃在山岡上！
我兄約拿丹啊，我要為你哀哭！
你對我親愛異常！
你的深情何其美妙，
遠勝過異性的愛情。
英雄們何竟死亡！
他們的武器何竟廢棄！」

這首真情貫注的詩歌曾收錄於《雅煞珥書》中。

右圖：雅比城的勇士把掃羅和他兒子們的屍體從城牆上取下來。

　　本文記述了掃羅父子死後以色列百姓的哀悼，以及大衛對他們的悼念。

　　據稱出自大衛的《弓歌》是聖經中著名的悼亡詩。詩歌頌揚掃羅父子是以色列「最英勇的戰士」和「英雄」，詛咒他們殉難的基利波山「再無雨露」、「永遠荒蕪」，稱讚他們「比雄鷹更敏捷，比猛獅更強壯」，呼喚以色列的女子為掃羅哭號，並對約拿丹表達出深沈的懷念。詩章接連慨嘆：

　　「我們的領袖陣亡了！」

　　「英雄們何竟死亡！

　　他們的武器何竟廢棄！」

　　真情貫注，一吟三嘆，感人至深。

6-12 約押和押尼珥之戰

掃羅死後，他的兒子伊施波設在瑪哈念登基稱王，那年他四十歲，做以色列的王二年。惟獨猶大支派順從大衛，在希伯崙擁立他稱王，在位七年零六個月。

有一天，押尼珥和掃羅之子伊施波設的僕人從瑪哈念到基遍去，押尼珥是掃羅的元帥尼珥的兒子。這時，大衛的將領約押帶著僕人也出了門，與押尼珥一行恰好在基遍池邊相遇。兩班人一班坐在池這邊，一班坐在池那邊。押尼珥對約押說：「讓年輕的勇士們在我們面前打鬥吧！」約押回答：「好！」

於是雙方選出伊施波設的便雅憫人十二名，大衛的僕人十二名。他們走到中間，彼此揪頭刺肋，撕打成一團，相繼倒地身亡。接著眾人都捲入了打鬥，打得天昏地黑，跟隨押尼珥的以色列人敗給大衛的僕人。

大衛的將領約押有兩個兄弟，一個叫亞比篩，另一個叫亞撒黑，亞撒黑擅長奔跑，如同野鹿一般。他在後面追趕押尼珥，逼得他無路可逃。

押尼珥警告亞撒黑停下來，說，否則就不客氣了。他又說：「我何必殺你呢？若殺了你，有什麼臉面去見你哥哥約押呢？」

但亞撒黑仍不停步。押尼珥忍無可忍，舉槍刺進他的肚腹，槍頭從後背穿出。亞撒黑頓時倒在地上死去。

約押和亞比篩繼續追趕押尼珥，日落時來到基亞對面的亞瑪山。押尼珥呼叫約押道：「刀劍怎能永遠殺人呢？你不懂作惡者終有惡報嗎？你何時才收兵回營，不再追趕自己的弟兄呢？」

最後這句話打動了約押。他吹響號角，命令手下的人停止追擊，不再與同宗共祖的以色列弟兄打仗。

「約押和押尼珥之戰」記錄了大衛家族和掃羅家族之間的衝突，實際上是以色列人的內亂。

押尼珥是掃羅的從弟，被掃羅封為元帥，立過赫赫戰功。約押和大衛的關係大體相當於押尼珥和掃羅的關係。一天押尼珥和約押在基遍池邊狹路相逢，各派十二名勇士交手打鬥，不料卻引發一場混戰。押尼珥失敗，奪路而逃。在逃亡途中他返身刺死約押的兄弟亞撒黑，以致與約押結下冤仇。後來押尼珥歸降了大衛，卻被約押尋隙殺死。

右圖：他們走到中間，彼此揪頭刺肋，撕打成一團……。

6-13 大衛的戰績

掃羅之子伊施波設被人暗殺，北方以色列長老們到希伯崙拜見大衛，擁立他做以色列的王。大衛登基時三十歲，在位四十年，在希伯崙做猶大的王七年零六個月，在耶路撒冷做以色列和猶大的王三十三年。

大衛帶領部下攻打耶路撒冷的耶布斯人，把耶路撒冷確定為以色列和猶大國的京都，起名大衛城。他派人修築城牆，讓推羅王希蘭運來香柏木，並派遣能工巧匠在城裡建造宮殿。

大衛在利乏音谷的巴力毗拉心擊殺非利士人，如洪水爆發般衝破他們防線，又乘勝追擊，從迦巴一直追到基色，最後把他們制伏，奪取其京城的權力。隨後，大衛又攻打摩押人，使之稱臣進貢。

大衛還攻擊瑣巴王利合的兒子哈大底謝，生擒他的騎兵一千七百，步兵二萬。大馬士革的亞蘭人派兵聲援哈大底謝，大衛揮師殺傷亞蘭人二萬二千，在大馬士革的亞蘭地區設立防營。

大衛不論到哪裡去，耶和華都使他得勝。他把哈大底謝軍中的金盾牌運到耶路撒冷，又從比他和比羅他城奪取許多銅。

哈馬王陀以聽說大衛殺敗了哈大底謝，高興地派他兒子約蘭去見大衛，並給他帶去各種金銀器皿和銅器。大衛把這些器皿，連同他從亞蘭、摩押、亞捫、非利士和亞瑪力人那裡掠奪的金銀物品，分別祝聖，獻給耶和華。

大衛又派約押攻取了亞捫人的京城拉巴，繳獲亞捫王所戴的金冠冕，那上面鑲嵌著極貴重的金子和寶石。眾人把那個金冠冕戴在大衛頭上。

大衛是古猶太民族史上最負盛名的國王，約公元前1013至前973年在位。他從耶布斯人手中奪取山城耶路撒冷，建為王國的京城；又把耶和華的約櫃運來，使耶路撒冷成為國家的政治和宗教中心。

與此同時，他率軍東征西討，制伏非利士人、以東人、摩押人、亞捫人、亞蘭人和亞瑪力人，使以色列的國土遠及幼發拉底河流域。

此外，大衛在文學藝術方面也有為人稱道的成就，《詩篇》中的近半數篇章被視為他的手筆。他組織了龐大的唱詩班和樂隊，自己也會彈琴奏樂，唱歌跳舞。

6-14 押沙龍的叛亂和死亡

　　大衛晚年，家中醜聞疊起，他的長子暗嫩竟將同父異母的妹妹他瑪強行玷污。

　　他瑪是押沙龍的同胞妹妹，她的受辱直接釀成押沙龍殺死暗嫩，遠走他鄉。此後，押沙龍多方籠絡民心，暗中培植起自己的勢力。

　　終於，押沙龍揭竿而起，公然反叛父王大衛。在足智多謀的軍師亞希多弗支持下，他一度長驅直入，佔領了京城耶路撒冷。

　　大衛縱有南征北戰的光榮歷史，這時卻如西下的殘陽，面對叛軍只有逃竄之力，而無招架之功。

　　但大衛畢竟是老謀深算的政治家，逃亡途中他培植出親信以太，授意祭司撒督和亞比亞他潛回耶路撒冷，並指派軍師戶篩打入叛軍，再伺機將押沙龍的反叛引向歧途。

　　不久，平叛的戰鬥打響了。大衛一方面調兵遣將，鎮壓叛亂，以維護他的統治；另一方面又下令保護押沙龍，以保全自己的兒子。

　　大衛運籌帷幄，從容地指揮三路大軍一一出戰，胸有成竹地收復被佔領的江山。然而，他保全了江山卻未保住兒子的性命，徒有匹夫之勇的押沙龍騎著騾子從一棵大橡樹下經過時，頭髮被樹枝纏住，騾子跑開，他的身體被懸掛在樹上。

　　一個士兵看到這情景，連忙報告將軍約押。約押與押沙龍素有嫌隙，這時，他帶上三支長矛趕過去，趁押沙龍還掛在樹上，把三支長矛都刺進他的胸膛。接著又叫十個隨從跑過去，對他一陣猛刺。

　　約押令人吹號，停止進攻，他的軍隊便不再攻擊叛軍。他讓人把押沙龍的屍體丟在林中的一個大坑裡，上面堆起一大堆石頭。

　　在大衛的兒子們中，押沙龍是僅次於所羅門的出色人才。他是大衛王的第三子，從頭到腳毫無瑕疵。他在以色列全境最英俊，一頭捲髮又密又濃，每年剪下的頭髮就有好幾斤。

　　他的同胞妹妹他瑪是個天真美麗的少女，不幸卻被同父異母的兄弟暗嫩強行玷污，接著又棄之如敝屣。押沙龍對暗嫩懷恨在心，不露聲色地伺機報復，在一次酒宴上殺死他，逃亡到基述。

　　三年後押沙龍返回耶路撒冷，野心日漸膨脹。他借聽訟斷案之機拉攏人心，暗中發展起自己的勢力；終於興兵叛亂，企圖實現改朝換代的夢想。然而，他竟因自己的頭髮被樹枝纏住，懸掛在空中，遭到約押的刺殺。可嘆他的一頭美髮居然成為致命的原因！

右圖：約押……把三支長矛都刺進他的胸膛。

6-15　大衛痛悼押沙龍

平叛的戰鬥打響後，大衛坐臥不安，心焦如焚，惶惶如熱鍋之蟻，惟恐兒子押沙龍遭遇不測。那時，他正站在內外城間的地方。

守望的人到城牆上去，站在門樓頂上觀望，看到一個人跑過來，就向下面呼喊，報告給大衛王。大衛說：「如果是單獨一個人，就是報告好消息的。」那個人越跑越近了。

接著，守望的人又看到另一個人跑來，連忙對守城門的人呼喊：「又有一個人跑來了！」

大衛說：「這個人也是報告好消息的。」

守望的人說：「從行走的姿勢看，前面那個人好像是亞希瑪斯。」

大衛說：「他是個好人，一定帶來了好消息。」

亞希瑪斯高喊著向大衛王致敬，在他面前俯伏敬拜，說：「讚美上帝耶和華，他使你勝過了背叛你的人！」

大衛問：「那年輕人押沙龍平安不平安？」

亞希瑪斯回答：「你的將軍約押派我回來報信時，我看到軍中一陣騷亂，但不知發生了什麼事。」

大衛說：「你先到旁邊去休息吧。」

就在這時，報信的古示人來到大衛面前，高聲喊道：「我有好消息向王稟報：今天耶和華使你勝過了一切背叛的人！」

大衛問：「那年輕人押沙龍平安不平安？」

古示人說：「願一切背叛我主我王的人，都與那個年輕人同樣下場！」

大衛聽到這話，悲從中來，就去城樓的房間裡哀哭。他一邊走，一邊哭泣道：「我兒！我兒！押沙龍啊！我兒！……我恨不得替你死！我兒！押沙龍啊！我兒！我兒！」

「大衛痛悼押沙龍」以生花妙筆揭示出大衛感人至深的真摯父愛。

平叛開始後，大衛不再關注國家社稷的安危，而惟獨擔憂兒子押沙龍的命運。當亞希瑪斯跑來時，他關心的是「那年輕人押沙龍平安不平安？」當古示人跑來時，他關心的還是「那年輕人押沙龍平安不平安？」

當最不願聽到的噩耗傳來時，大衛悲傷之極，嗚咽得泣不成聲，「我兒」、「押沙龍」重覆了八遍，僅有的一句話是：「我恨不得替你死！」世間還有什麼語言比這更能抒發老年喪子的巨大哀傷！

右圖：大衛……哭泣道：「我兒！我兒！……我恨不得替你死！」

6-16 利斯巴護屍

大衛年間發生了饑荒，一連持續三年。

耶和華説：「之所以發生這場饑荒，是因為掃羅和他的家人殺死了基遍人。」原來，基遍人不屬於以色列族，而是亞摩利人的遺民。約書亞曾與他們立約，起誓善待他們，但掃羅卻違背諾言，又成群地害死他們，把他們逐出家園。

大衛把基遍人召來，問道：「我該怎麼辦才能贖回掃羅家族的罪過，使你們為以色列人祝福呢？」

基遍人回答：「我們與掃羅家族的事與金銀無關。不要因為這件事誤殺一個以色列人。」

大衛表示：「你們怎麼説，我就為你們怎麼做。」

他們提出：「從前謀害我們，使我們不能居於以色列境內的人是掃羅。現在請你把他的子孫七人交給我們，使我們能在耶和華面前把他們吊死在掃羅蒙召的基比亞。」

大衛同意了：「我一定把他們交給你們。」

大衛把愛雅之女利斯巴給掃羅生的兩個兒子，以及掃羅之女米甲的姐姐給亞得列生的五個兒子，交給基遍人。開鐮收割時節，基遍人把這七個人一同吊死在山上。

愛雅的女兒利斯巴用麻布在磐石上搭起一個棚，每天住在棚裡守護那七人屍體。從開鐮收割之際，到雨季來臨的時候，她白天不讓空中的雀鳥落在屍身上，夜晚不讓田間的野獸隨意糟蹋他們。

有人把利斯巴所作所為告訴了大衛。大衛就去基列的雅比人那裡，把掃羅和約拿丹的骸骨搬來，又收殮了那七人的骸骨，都葬在掃羅之父基士的墳墓裡。

從這以後，上帝又恢復垂聽眾民的祈求。

利斯巴是愛雅的女兒，掃羅王的妃子，曾與掃羅生子亞摩尼和米非波設。掃羅死後，掃羅兒子伊施波設指責元帥押尼珥與利斯巴私通，押尼珥一怒下歸降了大衛。

基遍人為了報掃羅殘害其族人之仇，把利斯巴的兩個兒子和掃羅的五個外甥吊死在基比亞的山頭上。利斯巴為防止他們的屍體被雀鳥和野獸糟蹋，晝夜不離地守著，時間長達數月之久。她的慈心和苦境打動了大衛，大衛乃將死者的骸骨殮埋在掃羅之父基士的墳墓裡。

右圖：她白天不讓空中的雀鳥落在屍身上……

216

6-17 耶路撒冷的災禍

大衛受到撒且的煽惑，預備統計以色列人口的數目。他吩咐約押和百姓的首領：「你們去清點以色列人，從別是巴直到但，回來向我彙報，使我能知道他們的人數。」

約押奉命走遍以色列各地，統計百姓的數目，回到耶路撒冷後向大衛奏告：「以色列的青壯年男子有一百一十萬，猶大的青壯年男子有四十萬。」約押不喜歡這道命令，所以未把利未人和便雅憫人算在其中。

上帝反對這樁數點百姓之事，要把災禍降給以色列人。大衛向上帝禱告道：「我辦這件事犯了大罪，所作所為實在愚昧。求你除掉僕人的罪孽！」

大衛的先知迦得向他傳達耶和華的話：「有三種災禍供你選擇：或發生三年饑荒；或被敵人的刀槍追殺三個月；或流行三日瘟疫，耶和華的使者在以色列四境以內施行毀滅。」

大衛答復道：「我太為難了。我願落在耶和華手裡，因為他有豐盛的憐憫；而不願落在敵人手中。」

於是耶和華決定降下瘟疫，使以色列人死亡七萬。上帝派使者去毀滅耶路撒冷。正要動手時，耶和華後悔不該降這災禍，就制止滅城的天使道：「夠了，住手吧！」那時天使正站在耶布斯人阿珥楠的禾場上。

大衛舉目觀望，看見耶和華的天使站在天地之間，手持大刀，伸在耶路撒冷上空。大衛和長老們連忙身穿麻衣，面伏於地。大衛禱告：「吩咐數點百姓的是我，願上帝懲罰我，不要把瘟疫降給他們。」

大衛是個擅長內政管理的傑出君王，採取多種措施對情況複雜、南北方積怨甚深的國家進行了卓有成效的治理。他的治國方略之一是清點以色列百姓的數目，用當今的話說即是普查人口。普查人口對於正確制定各項國策的重要意義不言而喻，然而，顯然由於古今認識的差異性，在古代作者筆下，僅僅因為大衛普查了人口，就有七萬以色列百姓險遭殺身之禍！

右圖：上帝派使者去毀滅耶路撒冷……。

6-18 亞比篩保護大衛

大衛晚年又與非利士人交戰。當他疲憊無力之際，一個名叫以實比諾的非利士猛將手持大刀殺來，情況非常危急。洗魯雅的兒子亞比篩眼明手快，衝上前去保護他，把以實比諾殺死。

後來，以色列人在歌伯與非利士人打仗，大衛的部下又殺死了四個迦特的非利士勇士，保護了大衛。

大衛在擺脫一切仇敵傷害的日子，向耶和華誦詩道：

「耶和華是保護我的岩石和堡壘，
我的上帝是掩蔽我的避難所。
他是護衛我的盾牌和要塞，
他是我的救主，救我脫離險境。
死亡的浪濤環繞著我，
毀滅的急流衝擊著我，
陰間的絞索纏繞著我，
墳墓的網羅等待著我。
在困苦中我呼求耶和華，
我呼求上帝的幫助。
他在聖殿裡聽見我的呼喊，

從這段文字中，人們不難感到大衛已進入風雨飄搖的晚年。英雄末路，心有餘而力不足，大衛與非利士人交戰時，再沒有當年擊斃巨人戈利亞的英姿，讀者所看到的，只是一個疲憊乏力、不時陷於危難中的龍鍾老將。

隨後的讚美詩重出於《詩篇》第18篇。歌辭表達了陷於困境的大衛對耶和華的呼求和信靠，及其幸得恩助時的頌揚和讚美。由於《詩篇》第18篇的題記中有「交與伶長」之語，它顯然曾被聖殿唱詩班用為歌詞。

右圖：亞比篩……衝上前去保護他，把以實比諾殺死。
後圖：局部

我求救的聲音傳入他的耳朵。
耶和華從高天伸手抓住我，
從深水裡把我拉上來。
他救我脫離強敵的手，
擺脫恨惡我的人的追擊。
耶和華啊，你是我的亮光，
你為我逐散黑暗。
你給我攻擊仇敵的力量，
使我能摧毀他們的防禦。
耶和華啊，你是拯救我的盾牌，
你的眷佑使我興旺。
你賜給我打仗的力量，
使我能夠制伏敵人。
你使我的仇敵四處奔逃，
使我消滅了強暴的人。
因此我要在列國中頌揚你，
我要歌唱讚美你。
上帝使他所立的君王屢次得勝，
他向大衛家族顯示了不變的愛。」

6-19 所羅門斷案

所羅門是大衛的兒子，也是他的王位繼承人。他以智慧著稱，曾作箴言三千句，詩歌一千零五首；他熟知花草樹木、飛禽走獸、昆蟲水族，還善於判斷疑案。

有一天，兩個妓女來見他，其中一個說：「我主啊，這個女人跟我同住一間屋子，我在家生孩子時，她也住在那裡。我生了一個男孩，兩天後她也生了一個男孩。那屋子裡只有我們兩個人，沒有別人。

「一天晚上，她不小心壓死了自己的孩子，半夜起來，趁我熟睡時抱走我的孩子，放在她床上，然後把那個死孩子放在我床上。第二天早晨，我醒來給孩子餵奶，發現他已經死了。再仔細一看，才知道那並不是我的孩子。」

另一個女人說：「不！活孩子是我的，死孩子才是她的！」第一個女人又說：「死孩子是她的，活孩子是我的！」

她們就這樣在所羅門面前爭辯起來。

所羅門略加思索，對左右說：「拿刀來！」左右的侍從拿來一把刀。所羅門下令：「把活孩子劈成兩半，一半給這個女人，一半給那個女人！」

那活孩子的母親心疼自己的兒子，對王說：「我主啊，千萬不要殺這孩子，求你把他交給那個女人吧！」

另一個女人卻說：「不必給我，也不要給她，把這孩子分成兩半吧！」

所羅門王說：「不可殺死這孩子！把他交給第一個女人，因為她才是孩子的真正母親。」

以色列人聽說所羅門的英明裁決，都非常欽佩他。他們知道，是上帝賜給了所羅門非凡的智慧，使他能公平地審判案件。

所羅門是古代以色列王國的第三代國王，約於公元前973至933年在位。他以聰慧睿智著稱，最有名的故事是為兩個爭奪活孩子的婦女智斷疑案。

後世一批繪畫大師以此為題材，創作出精美的傳世之作，其中首推拉飛爾繪製於梵諦岡大教堂的壁畫：所羅門端坐在王位上，宣布他的判決；一個侍從準備執行命令，左手抓起活孩子，右手緊握出鞘之刀；真正的母親衝上前去救孩子，求國王不可殺孩子；假母親則跪在死孩子附近的地面上，顯然並不反對執行王命。

右圖：那活孩子的母親……說：「我主啊，千萬不要殺這孩子！」

224

6-20 | 所羅門建殿

所羅門聖殿是以色列人崇拜耶和華上帝的中心場所，建造在耶路撒冷東北角的摩利亞山上。建殿的設想始自大衛，但大衛因一生征戰而未及實施。

建殿工程破土於所羅門即位後的第四年，歷時七年方告完成。建殿所用的匠人及材料多由推羅王希蘭提供。銅製設施和裝飾品的主要工程師是戶蘭，他是一個推羅銅匠與以色列妻子所生的兒子。

黎巴嫩的香柏木由推羅王希蘭的樵夫砍伐，並運至耶路撒冷，三萬以色列人分成三隊協助伐木。此外，所羅門還徵募十五萬外邦人參與建殿。

為了保持工地的神聖肅穆，減少不必要的噪音，建殿所需的石器和木器都在遠處的預製場事先做成。

聖殿的整個建築呈長方形，長約三十公尺，寬約十公尺，高約十五公尺，坐西向東而建。殿的牆用石頭砌成，再用香柏木板遮掩。殿右側的廂房內有螺旋式樓梯直達頂層。

整個聖殿分成由外至內的三個區：庭院、聖所和至聖所。庭院又分兩部份，一是外院，係百姓聚會之處；二是內院，只准祭司出入。聖所亦稱外殿，長約二十公尺，是舉行禮拜活動的主要場所。

至聖所又稱內殿，長寬各十公尺，用以安放耶和華的約櫃。約櫃前有用香柏木做成的祭壇，用金箔包裹；還有兩個用橄欖木雕刻的基路伯天使像，各高五公尺。兩天使內側的翅膀彼此相接，遮蓋著約櫃，另一側翅膀則頂著墻壁。

聖殿入口處的兩邊豎有兩根銅柱，各高十公尺，一根在左，名博亞茲，另一根在右，名雅斤。聖殿旁邊有三層廂房，供存放祭祀器具之用。

所羅門聖殿被視為耶和華上帝與其子民同在的標誌，至後世，更成為猶太信仰的象徵。這座聖殿歷經三百七十多年的風風雨雨後，於公元前586年被巴比倫人摧毀。半個世紀過後，回歸故鄉的猶太人又建造了第二座聖殿，樣式模仿所羅門聖殿，只是規模較小些。

公元前19至前9年，大希律對第二聖殿進行了全面翻修和擴充。公元70年8月，該聖殿又被羅馬人焚毀，迄今僅餘一段西牆，又名「哭牆」。本文記述了所羅門當年建造聖殿的情景。

右圖：黎巴嫩的香柏木由推羅王希蘭的樵夫砍伐，並運至耶路撒冷。

6-21 | 示巴女王訪問所羅門

所羅門的名聲傳遍天涯海角。示巴女王想用難題試問他，就從遙遠的阿拉伯半島率隨從來到耶路撒冷，並用駱駝馱來許多香料、寶石和金子。

示巴女王見到所羅門後，把準備好的所有難題都說出來。沒料到他竟對答如流，沒有一句不明白、不能回答。

示巴女王驚嘆所羅門果然有智慧。她看到所羅門建造的宮室，看到席上的珍饈美味；看到了群臣分列而坐，僕人侍立兩旁，看到他們的服飾和酒政的服飾；又看到所羅門在耶和華聖殿所獻的燔祭，驚詫得神不守舍。

她對所羅門說：「我在本國常聽到你的事和你的智慧，實在是名不虛傳。我起初不相信，現在親眼看見了，才知道人們傳說的還不到一半，你的智慧和你的福分超過了我聽到的傳聞。

「你的臣子和僕人常在你面前侍立，領略你的智慧，他們是多麼有福啊！你的上帝耶和華是應當稱頌的，他喜悅你，永遠愛以色列，所以立你為王，使你秉公行義。」

示巴女王將許多金子、寶石和貴重的香料送給所羅門。後來再沒有人送給所羅門如此多的香料。

所羅門也滿足了示巴女王的一切要求，此外又饋贈她一份厚禮。最後，示巴女王帶著她的臣僕，滿意地返回本國去。

「示巴女王訪問所羅門」運用反襯手法，借助示巴女王的目光渲染了所羅門的非凡智慧。通常認為示巴位於阿拉伯半島西南端，或即今也門。女王從示巴慕名而來，表明所羅門的名聲已傳揚到天涯海角。

中東一些地區迄今流傳著有關所羅門和示巴女王的浪漫故事，如稱所羅門對女王一見鍾情，在宴會的菜肴裡加入過量的調料；女王宴罷口渴難忍，私自取水時違背事先訂下的戒條；所羅門遂娶其為妻，還生下一子。

埃塞俄比亞人相信，其民族史上的涅古斯王朝便始於所羅門與示巴女王所生的兒子。還有人說，該子從耶路撒冷聖殿偷走約櫃，收藏於埃塞俄比亞古都阿克蘇瑪的神殿中；約櫃是埃塞俄比亞的聖物，任何活著的人都無權觀望，人們在節日裡看到的只是它的複製品，……如此等等，不一而足。

右圖：示巴女王驚嘆所羅門果然有智慧。

6-22 | 智慧國王所羅門

耶和華在所羅門的夢中顯現，問他：「你願我賜給你什麼？可以隨意祈求。」

所羅門說：「我的上帝啊，你使我接續父親大衛做王，但我不知道應當怎樣出入。我住在你所揀選的民眾之中，這民眾多得不計其數。所以求你賜給我智慧，用來管理民眾，辨別是非。」

上帝因所羅門求智慧而喜悅，對他說：「你不為自己求福求壽，也不求滅絕仇敵的性命，而只求智慧用以治國，我就應允你的祈求，賜給你聰明智慧，使你的智慧空前絕後。

「我還要賜給你富足和尊榮，使你在世的日子，列王中無人能與你相匹。你若效法你父親大衛，遵行我的道，謹守我的律例和誡命，我必使你長壽。」

所羅門醒了，才知道是個夢。此後上帝賜給他極大的聰明智慧，使他的思想精深，學識廣博。他的智慧超過所有東方人和埃及人，四海之內無人能比。他以智慧治國，使以色列人國泰民安，豐衣足食，人丁繁盛，人口多如天上的星和海邊的沙。

所羅門的國境從幼發拉底河綿延到埃及邊界，其間被征服的國家年年進貢，歲歲朝拜。從但到別是巴，百姓們都在自己的葡萄樹和無花果樹下安然居住。

所羅門以聯姻及其他外交方式與鄰國保持友好關係，使以色列在國際大家庭中享有平等的政治地位。

他懂得發展貿易，使以色列成為四方商貿的主要轉運地。他還建造了莊嚴的聖殿和豪華的王宮，使以色列擁有不同凡響的大國氣派。

所有這些，都使所羅門成為明君賢主的化身，使他那個時代成為繁榮興盛的象徵。

所羅門是古猶太民族史上以智慧著稱的國王。他的名聲如此顯赫，以致被推崇為古代最高雅的詩人和智者。許多有口皆碑的著作被置於他的名下，其中包括《舊約》中的《箴言》、《雅歌》、《傳道書》，《舊約次經》中的《所羅門智訓》，「舊約偽經」中的《所羅門詩篇》、《所羅門頌歌》和《所羅門遺訓》等。

所羅門還被傳說成魔法師或巫師。猶太史家約瑟福斯在《猶太古事記》中說：「上帝賦予所羅門逐魔的技能和知識，使他能為人謀益，治癒患者。」耶穌講道時曾說：「看哪，這裡有一人比所羅門更大！」接著論述逐鬼之事，表明在紀元前後的猶太社會，所羅門的名聲確與逐魔趕鬼有關。

右圖：他的智慧……四海之內無人能比。

柒

多事之秋

從所羅門去世(約公元前933年)到猶大國淪亡(公元前586年)，以色列古國進入風雨飄搖的多事之秋。

　　在這三百多年中，統一的以色列國家分裂成南北兩國，雙方兄弟鬩牆，煮豆燃萁，彼此削弱了對方的國力；北方出現亞哈、耶洗別的倒行逆施，南方出現亞他利雅的謀權篡位；加之亞蘭、摩押、亞捫等鄰國伺機侵擾，亞述、巴比倫等大帝國虎視眈眈，北國以色列和南國猶大江河日下，終於難逃覆亡的命運。

　　然而，在危機四伏的日子裡，以色列民族始終不乏為本族信仰和國家利益奔走呼號的鬥士，其中的卓越代表，就是先知以利亞、以利沙、阿摩司、以賽亞和彌迦。從本章的21幅圖片中，能看到他們的身姿，聽到他們的話語。

7-1 神人遇獅

所羅門王去世後，統一的以色列國家分裂成南北兩國。北方稱以色列國，由耶羅波安為王。耶羅波安惟恐北方百姓去耶路撒冷朝拜聖殿，就鑄造兩個金牛犢，一個置於南北交界處的伯特利，另一個置於最北端的但，說它們就是帶領以色列人出埃及的神，讓眾人每年八月十五日向它們獻祭。百姓們受他蠱惑，紛紛去伯特利獻祭。

有一天耶羅波安在祭壇旁正要燒香，一個神人站出來大聲宣告：「大衛家族必生一個兒子，起名叫約書亞；凡在這祭壇上燒香的祭司，都要被他殺死。」耶羅波安令人捉住他，不料剛下命令自己的手就乾枯了，不能彎曲。他只得讓神人為他禱告，使之復原。復原後又請神人回宮吃飯，並要賞賜他禮物。

神人說：「你就是把王宮的一半都給我，我也不能去。我也不在這裡吃飯喝水。」說罷不走原路，而繞道踏上歸途。這都是耶和華吩咐他做的。

伯特利的老先知聽說此事，連忙騎驢追上那神人請他回家吃飯，騙他道：「我也是先知。我剛才遇見天使，他奉耶和華之命讓我把你帶回家，吃飯喝水。」

神人信以為真，就去老先知家吃了飯喝了水。吃喝後，他騎上驢子繼續趕路。

不料路邊有隻獅子正潛伏在樹下。等神人走近時，它突然竄出來，猛撲上去，把他咬死。神人的屍體倒在路上，一邊站著驢子，一邊站著獅子。

事後，那老先知對兒子們說：「神人違背了耶和華的命令，所以被獅子咬死。」

「神人遇獅」要說明的是，即使是上帝的「神人」或先知，如果違命做了錯事，哪怕只因被人欺騙才做錯，也會遭到無情的刑罰，因為上帝的權威絲毫不容觸犯的。在這個故事中，神人之所以被獅子咬死，原因僅在於他被老先知誤導，犯禁吃了飯，喝了水。

耶羅波安是南北分裂後北方的首任國王。他為了另立山頭，在伯特利和但設立金牛犢，誘使百姓奉拜，此事遭到猶太史家的嚴辭斥責。

右圖：神人的屍體倒在路上，一邊站著驢子，一邊站著獅子。

7-2 以利亞救活寡婦之子

暗利兒子亞哈做以色列王時，行耶和華恨惡的事，比以前列王更嚴重。先知以利亞對他說：「今後幾年我只要不禱告，天就不會降下露珠和雨水。」說罷，以利亞就隱蔽在約旦河東邊的基立溪旁，吃烏鴉叼來的餅和肉，喝溪裡的水。由於久不下雨，基立溪漸漸乾涸了。

耶和華讓以利亞到西頓的撒勒法去，由那裡的一個寡婦供養。以利亞找到那個寡婦，向她討水喝，又要餅吃。寡婦回答：「我沒有餅。罈裡只有一把麵，瓶裡只有一點油。我現在撿些木柴回家做餅，我和兒子吃完最後這點食物，就等著死啦。」

以利亞對她說：「不要害怕。只要先為我做一個小餅，再為你和你兒子做餅，你罈裡的麵就不會減少，瓶裡的油也不會短缺，直到天上降下甘霖。」

那寡婦按照以利亞的話去做，她和家人以及以利亞果然吃了許多日子，罈裡的麵沒有減少，瓶裡的油也沒有短缺。

後來寡婦的兒子病了，病得越來越重，直到斷氣。寡婦問以利亞：「神人哪，我和你有什麼關係？你為何到我家來，使我的兒子病死呢？」

以利亞把那孩子抱到樓上，放到自己的床上，求告耶和華說：「我的上帝耶和華啊，求你使這孩子的靈魂回來，仍進入他的身體。」

耶和華應允了以利亞的話，讓孩子又活過來。

以利亞從樓上把孩子抱下來，交給他母親，說道：「看哪，你兒子又活了!」

那寡婦對以利亞說：「現在我知道了，你真是神人；耶和華藉你口所說的話，都是真的!」

北國先知以利亞及其弟子以利沙，在異教影響深重、偶像崇拜之風盛行的年代，極力維護耶和華信仰，被《舊約》的作者刻意記載，篇幅綿延將近二十章。

以利亞生活在以色列王亞哈與其異族王后耶洗別殘暴統治時期，一生都為捍衛猶太信仰的純潔性而鬥爭。他是沙漠邊境附近的基烈人，身穿粗駱駝毛衣，頭髮長而密，性情倔強孤獨，行蹤飄忽不定。

因亞哈奉拜巴力神，他預言天必不降甘霖，久旱無雨。繼而他奉神意蟄居約旦河東的基立溪旁，又客居西頓撒勒法的一寡婦家。

本文所述即他在寡婦家行施的兩件神跡：以少許餅和油使寡婦取之不盡，又使她死去的兒子得以復生。

右圖：以利亞從樓上把孩子抱下來，交給他母親……。

7-3 | 以利亞鬥敗巴力先知

有一天，以色列眾人在迦密山上圍觀以利亞和巴力的先知較量神力。以利亞說：「耶和華的先知只有我一人，巴力的先知卻有四百五十人。給我們牽來兩隻牛犢。巴力的先知可以挑選一隻，切成塊放在柴上，不要點火；我也預備一隻放在柴上，也不點火。然後我們都向自己的上帝禱告。聽到禱告降下火來點著柴枝的，才是真正的上帝。」眾人都贊成他的主意。

以利亞讓巴力的先知先選牛犢，切成塊，擺在柴上，向巴力祈求。但是，從早晨直到中午，沒有一點反應。

以利亞諷刺道：「你們的聲音要大一點啊！你們的神可能太忙了，也許跑到外面去了，也許正在睡覺，等你們去叫醒他呢!」於是巴力的先知提高了嗓門狂呼亂叫，卻直到獻晚祭時也沒聽見半點反應。

這時，以利亞把眾人召集到自己跟前，在祭壇周圍挖一個寬約二尺的溝，把柴擺在祭壇上，把牛犢切成塊，放在柴上。然後吩咐眾人把四桶水倒在祭物和柴堆上。如此接連三次之後，祭壇四周的溝裡已注滿了水。獻晚祭時分，以利亞當眾向耶和華禱告。

他的話音剛落，耶和華就降下火來，燒盡祭壇上的肉塊、木柴、石頭和塵土，又燒乾溝裡的水。

眾人看到這情景，紛紛下拜歡呼道：「耶和華是上帝！耶和華是上帝！」

以利亞對眾人說：「抓住巴力的先知，一個也不讓跑掉！」眾人就抓住他們。以利亞把他們帶到基順河邊，全部殺掉。

本文充分體現了以利亞對異教神祇的蔑視，對以色列上帝的忠誠，以及維護本族信仰時的頑強鬥志。

故事嫻熟地運用了對比手法：巴力的先知多達四百五十人，耶和華的先知僅以利亞一人；巴力先知的祭神儀式時間長、聲音高、動作大，以利亞求告耶和華只做了簡短的禱告；巴力從早到晚沒有反應，證明是假神，耶和華一聽到禱告就降下天火，燒淨祭牲、木柴、石頭和塵土，甚至燒乾溝裡的水，證明是真正的上帝。這些反差使故事的藝術效果大大增強。

右圖：以利亞把他們帶到基順河邊，全部殺掉。

7-4 天使為以利亞送食物

以色列王亞哈把以利亞殺死巴力先知之事告訴王后耶洗別。耶洗別派人給以利亞捎信：第二天就索取他的性命。

以利亞逃到猶大的別是巴，來到一棵羅騰樹下，在樹下睡著。一個天使降臨到他身邊對他說：「起來，吃吧！」他向四周觀看，只見身邊有一瓶水，還有用木炭烤熟的餅。於是就吃了餅，喝了水，然後一口氣行走四十晝夜，來到上帝的山，就是何烈山。他在那裡的一個洞中住下。

有一天，以利亞聽到耶和華的聲音：「你出來，站到山上，站在我面前。」那時耶和華正從山間經過。烈風大作，崩山碎石，耶和華卻不在風中；風後地動山搖，耶和華也不在其中；地震後有火，耶和華也不在火中。

火後傳來微小的聲音。以利亞聽到後，用外衣蒙上臉，走出來站在洞口。那聲音問他：「以利亞啊，你怎麼到了這裡？」

以利亞回答：「我為萬軍的上帝耶和華而戰。以色列人背棄上帝的約，毀壞上帝的祭壇，殺害上帝的先知，只剩下我一人。他們正在尋索我的性命，我不得已逃到這裡。」

耶和華吩咐他：「你從曠野回大馬士革去，到那裡膏立哈薛做亞蘭王，膏立耶戶做以色列王，並收留以利沙做先知，讓他接續你。」

以利亞領命後，立即踏上返回的路程。

「天使為以利亞送食物」是《列王紀》中的一個片斷，表明忠心耿耿的先知時刻都在上帝的眷顧之中。以利亞殺死巴力的先知以後，遭到耶洗別追捕，他被迫逃亡，在別是巴得到天使送來的水和餅，略事休養，而後抵達何烈山，在那裡聆聽耶和華的呼喚，接受了戰鬥的使命。

因耶和華的呼喚，是從「火後的微小聲音」中傳來，後人用「火後的微小聲音」喻指「戰鬥的召喚」、「神聖的呼聲」。

右圖：一個天使降臨在他身邊……。

7-5 以色列擊敗亞蘭人

亞蘭王便哈達率軍圍攻北國以色列京都撒瑪利亞。他要求亞哈交出所有金銀和妻子兒女，並允許亞蘭人到他和臣僕們家去任意搜查，盡情索取。

亞哈拒絕了。便哈達勃然大怒，準備列隊攻城。

一個先知來見亞哈，讓他率領一批年輕勇士出城迎敵，說這是耶和華的吩咐。出城後那群年輕人異常勇猛，遇到亞蘭人就殺，把便哈達的隊伍殺得狼狽逃竄。以色列人得勝後，那先知來見亞哈，並對他說：「你要自強，留心防備，不可鬆懈。因為到明年這時候，亞蘭王還會來攻擊你。」

亞蘭王的謀士給便哈達出謀劃策道：「以色列人的上帝是山神，所以上次在山上交戰他們勝了我們。如果在平原打仗，我們必定能勝。」便哈達按他們的建議，調換將領，秣馬厲兵，準備次年在平原上再戰。

第二年，便哈達果然把亞蘭大軍帶到亞弗平原，與以色列人再度交戰。以色列人遂清點軍兵，預備糧草，迎著亞蘭軍隊安營。亞蘭人營帳黑壓壓一大片，以色列人的隊伍卻稀稀落落，好像兩小群山羊羔。

耶和華對以色列王亞哈說：「既然亞蘭人說我是山神，不是平原的神，我就在這平原上把他們交在你手中，使他們真正認識我耶和華。」

以色列人與亞蘭人對峙七天，到第七天開始交戰。那天以色列人殺了亞蘭步兵十萬，其餘二萬七千逃進亞弗城，被倒塌的城牆壓死。

這段故事的要義是，耶和華乃是萬軍的統帥，擁有無限的權能，不論在山地交鋒，還是在平原作戰，都無往不勝，攻無不克。面對「黑壓壓的一大片」敵軍，以色列人隊伍雖然「稀稀落落，好像兩小群山羊羔」，由於有了耶和華做統帥，依然所向披靡，殺敵十餘萬。

以色列人的軍事思想以「聖戰」觀念最具特色。他們認為，耶和華上帝是軍事統帥，支配著戰爭的進程和戰事的勝負，有時甚至親臨戰場，以其大能之手殺敵無數。對以色列人來說，得失成敗的關鍵取決於信奉上帝的程度：深信不疑，就能百戰百勝；猶豫懷疑，必定一敗塗地。

右圖：那天以色列人殺了亞蘭步兵十萬……。

7-6 | 約沙法誦詩敗敵

約沙法三十五歲時在耶路撒冷登基做猶大王二十五年。那時，摩押人、亞捫人和米烏尼人聯合攻打猶大國，約沙法定意尋求耶和華，在全國宣告禁食。

他召集猶大眾人聚會，呼求耶和華幫助，在聖殿的院子裡禱告道：

「我們列祖的上帝耶和華啊，

你是天上的上帝，

萬邦萬國的主宰。

你手中大有能力，

無人能夠抵擋。

從前以色列人出埃及時，

你不容以色列傷害亞捫人、摩押人和西珥山人，

以色列人就繞道行走，

並不滅絕他們。

而如今，他們卻攻擊我們。

我們的上帝啊，

難道你不懲罰他們嗎？

現在我們無力抵擋他們，

不知道該怎麼辦；

我們的眼睛單單仰望你。」

耶和華的靈藉著撒迦利亞的兒子雅哈悉對眾人說：「這次你們不必出戰，只須擺開陣地，看耶和華怎樣拯救你們。不要驚惶恐懼，耶和華與你們同在。」

「約沙法誦詩敗敵」以生花妙筆描述了一場聖戰的全部過程。

先寫猶大國難臨頭，敵軍壓境。

再寫面對嚴峻的局勢，猶大王約沙法從容不迫地向耶和華上帝禁食，禱告。

次日清晨，戰鬥打響前，歌手們穿上聖潔的禮服，帶領眾人高唱讚美詩。

就在這時，耶和華派出伏兵全殲敵人，使以色列人大獲全勝。

右圖：只見入侵之敵屍橫遍地，沒有一個逃脫。
後圖：局部

次日清晨，猶大眾人來到提哥亞的曠野。約沙法與百姓商議後，派歌手穿上聖潔的禮服，走在隊伍前面，帶領眾人高唱讚美詩：

「要稱頌耶和華，

因他的慈愛永遠長存！」

眾人吟詩之際，耶和華派伏兵擊殺那些亞捫人、摩押人和西珥山人，把他們全部殲滅。

猶大人登上曠野的瞭望塔觀看，只見入侵之敵屍橫遍地，沒有一個逃脫。此後，他們把那地方叫作比拉迦谷，意思是「稱頌谷」。

7-7 │ 亞哈陣亡

以色列王亞哈和其妻耶洗別以誣衊不實之詞害死耶斯列人拿伯，奪走他的葡萄園。耶和華對以利亞說：「狗在何處舐拿伯的血，也必在何處舐亞哈的血；狗在耶斯列的田間，必吃耶洗別的肉。」

那年亞哈欲與猶大王約沙法結盟，從亞蘭王手中奪回基列的拉末。他對約沙法說：「我要改裝上陣，你可以仍穿王服。」說著換上士兵的服裝。

此前亞蘭王曾吩咐手下的將士：「以色列的兵將不論大小，都不要理他們。你們只與亞哈王作戰。」

一個兵車長見約沙法穿王袍，說：「這肯定是以色列王亞哈。」遂轉身與他交戰。約沙法連忙呼喊：「我不是亞哈！」兵車長聞言，不再追他。

孰料有一人隨便開弓射箭，竟射進以色列王亞哈的甲縫裡。

亞哈對趕車士兵說：「我受了重傷，你轉過車來拉我出陣吧!」那天的戰事越來越猛烈，士兵扶著亞哈站在車上抵擋亞蘭人。

剛到晚上，亞哈王就死了，血從他的傷口處流到戰車上。

事後，眾人把他埋葬在撒瑪利亞。有人去撒瑪利亞的池邊清洗他的戰車，這時，狗來舐他的血，正如耶和華所預言的那樣。

「亞哈陣亡」告訴讀者，上帝規定的命運無法逃避。亞哈害死了無辜的拿伯，他的血注定被狗舐食。他和猶大王約沙法聯合攻擊亞蘭人時，戰前特意脫下王袍，只穿士兵服裝，企圖避免被認出身分，遭到敵兵的攻擊。

「孰料有一人隨便開弓射箭，竟射進以色列王亞哈的甲縫裡」，致他於死命。他的血流到戰車上，在撒瑪利亞的池邊被野狗舐食，應驗了耶和華先前的預言。

右圖：亞哈對趕車士兵說：「我受了重傷，……拉我出陣吧!」

7-8 | 以利亞降天火

亞哈死後，他的兒子亞哈謝在撒瑪利亞登基，做以色列王二年。一天他從樓上欄杆裡掉下來，生了病。他派遣使者去以革倫，讓他們求問那裡的神巴力西卜，他的病能不能好？

耶和華的天使得知此事，對先知以利亞說：「你去質問亞哈謝的使者：你們去請教以革倫神巴力西卜，難道以色列沒有上帝嗎？所以，耶和華如此說：亞哈謝必定死在床上。」

以利亞受命後，到撒瑪利亞阻攔亞哈謝的使者。使者們回到王宮，向亞哈謝稟告了以利亞的話。亞哈謝問：「說這些話的人是什麼模樣？」

使者們回答：「身穿毛衣，腰束皮帶。」

亞哈謝說：「此人必定是提斯比的先知以利亞。」於是派出一個五十夫長，帶領五十人去見以利亞。那時以利亞正坐在山頂上，五十夫長對他說：「神人哪，王吩咐你下來！」

以利亞回答：「我若是神，願火從天上降下來，燒滅你和那五十人！」霎時間，有火從天上降下，燒滅了五十夫長和他那五十人。

第二次，亞哈謝王又派遣一個五十夫長，帶領五十人去見以利亞。五十夫長和以利亞都重複了上次的話，結果又有天火降臨，把他們瞬間燒死。

第三次，五十夫長雙膝跪在以利亞面前，求以利亞愛惜他的性命。以利亞隨著他去見亞哈謝王，對王說：「你派人去求問以革倫的神巴力西卜，難道以色列沒有上帝可以問嗎？所以，你必定死在病床上。」

亞哈謝果然沒下病床，就死了。

以利亞的性情如同烈火，有「烈火的先知」之稱。聖經對他評價極高，《舊約》最末的經文就是「我必差遣先知以利亞到你們那裡去」。

在福音書中，天使預言施洗者約翰「必有以利亞的心志能力」。耶穌稱讚施洗者約翰「就是那應當來的以利亞」。耶穌登山變容時，以利亞和摩西向彼得、雅各、約翰顯現，並與耶穌談話。

直到今天，猶太人仍然相信古代先知以利亞會隨時突然造訪，報告彌賽亞降臨的好消息。

「以利亞降天火」是一篇著名的護教故事。由於以色列王亞哈謝生病時求問異教神靈巴力西卜，以利亞兩次降下天火，燒死亞哈謝的使者；第三次，乾脆使亞哈謝本人也死在病床上。

右圖：霎時間，有火從天上降下，燒滅了五十夫長和他那五十人。

7-9 以利亞升天

　　耶和華用旋風接以利亞升天時候到了，以利亞和以利沙從吉甲走來。

　　以利亞對以利沙說：「你留在這裡吧，我要按耶和華吩咐到伯特利去。」以利沙回答：「我指著永生的耶和華在你面前起誓，我絕不離開你。」於是兩人一同去伯特利。

　　一群住在伯特利先知問以利沙：「你知道今天耶和華要把你的老師接走？」以利沙說：「我知道。」

　　接著兩人又一同去了耶利哥。

　　隨後，以利亞對以利沙說：「你留在這裡吧，我要按耶和華的吩咐到約旦河去。」以利沙回答：「我指著永生的耶和華起誓，絕不離開你。」於是兩人一同行走。

　　五十個先知隨他們到約旦河去。兩人在約旦河邊站住，以利亞把外衣捲起來用它打水，使水左右分開，他們從乾地上走過去。

　　聖經提到兩個未經死亡就被上帝直接接到天上的人，一個是以諾，《創世紀》說「以諾共活了三百六十五歲，他與上帝同行，上帝將他取去，他就不在世了」；另一個就是以利亞。那時有火馬拉著火焰車疾馳而過，捲起一陣旋風，把他接到天上。以利亞升天之前，與他的弟子以利沙圓滿完成了先知職份的交接。

右圖：忽然一輛火馬拉著火焰車……捲起旋風，把以利亞接到天上。
後圖：局部

過河後，以利亞問以利沙：「現在我還未被接走，你有什麼事要我做，儘管說。」以利沙答：「請把你的能力加倍地傳給我，使我成為你的繼承人。」

以利亞說：「這是很難答應的要求。不過你如果看到我被接去，就能達到目的；否則就達不到。」

他們邊走邊談，忽然一輛火馬拉著火焰車從中馳過，捲起旋風，把以利亞接到天上。此後以利沙再沒見過以利亞。

以利沙用以利亞外衣打水，水也左右分開，使他從乾地上走過去。以利沙已經有了以利亞的能力！

7-10 以利沙行奇跡

有人從耶利哥來見以利沙，對他說：「先生，你知道這城的地勢很好。但它的水質惡劣，使土產未熟就脫落，人畜也時常流產。」

以利沙吩咐道：「拿一個新碗來，裡面放點鹽。」有人應聲遞給他一個新碗，裡面放著鹽。以利沙走到水泉邊上，把鹽倒進泉水中，說：「我奉耶和華的名使這泉水純淨，不再造成枯萎和流產。」從那以後，水質就純淨了。

以利沙從耶利哥到伯特利，途中遇見一群年輕人。他們譏笑他：「禿子，滾開吧！」以利沙轉過身瞪著他們，奉耶和華的名詛咒他們。於是兩隻母熊從樹林裡出來，撕裂他們當中的四十二個人。

有一個窮寡婦，丈夫原是先知群中一員。丈夫死後債主登門討債，要把她兩個兒子帶走當奴僕。她請求以利沙幫助。以利沙問：「你家裡有什麼？」答：「只有一瓶油。」

以利沙讓她向鄰居借各種器皿，回家後關上門，把油倒在所有的器皿裡。她照此辦理，把借到的所有器皿都倒滿油。以利沙說：「你去賣油還債，剩下的你和兒子度日使用。」

另外一次，有人帶來二十個餅和一些剛採摘的麥穗，以利沙讓僕人把它們分給先知們吃。僕人問：「這點東西夠一百個人吃嗎？」以利沙回答：「耶和華說了，他們都能吃飽，而且還有剩餘。」結果，大家不但都吃飽了，確實還有剩餘。

先知以利沙是以利亞的門徒和繼承者，以利亞後北國的先知領袖。他歷經約蘭、耶戶、約哈斯、約阿施四王當政時期，任先知達五十年之久。

本文記述了他行施的幾椿奇跡：在耶利哥城為民改善水質；制裁褻瀆先知的年輕人；使一位先知寡婦僅有的一瓶油取之不盡，得以賣油還債；用二十個餅和一些麥穗使一百人吃飽，而且還有剩餘。

右圖：兩隻母熊從樹林裡出來，撕裂他們當中的四十二個人。

7-11 撒瑪利亞的饑荒

亞蘭王便哈達帶領全軍進攻以色列，圍困撒瑪利亞城，使城裡的食品嚴重匱乏，一個驢頭就值八十塊銀幣，四兩野蔥也值五塊銀幣。

有一天，以色列王正在城牆上行走，一個婦女向他呼喊：「我主我王，請幫助我！」王說：「你的困難是什麼呢？」

那婦女指著另一女人說：「這女人那天跟我講，我們先吃我孩子，第二天再吃她孩子。所以我們就把我孩子煮著吃了。第二天輪到吃她孩子了，她卻把孩子藏起來！王啊，請主持公道！」以色列王聽到這裡，難過得撕裂了衣服。

先知以利沙預言道：「到明天這個時候，你們在撒瑪利亞用一塊銀幣就能買到三公斤最好的小麥，或是六公斤大麥。」王的一個侍從不相信說：「這是不可能的。即使耶和華打開天窗降下五穀，也不可能！」

以利沙說：「你一定能看到這件事發生，但你卻吃不到食物。」當天晚上，撒瑪利亞城有四個癩瘋病人因饑餓難忍去亞蘭人營中找食物，卻發現營中竟空無一人。原來，亞蘭人聽到車馬行進的聲音，誤以為以色列王賄買了赫人和埃及軍隊，正在攻擊他們。他們匆忙棄營逃跑，把金銀財寶、食品和衣服都丟在營裡。

以色列人聞訊後，出城擄掠了亞蘭人營地。第二天一塊銀幣果然能買到三公斤最好的小麥，或是六公斤大麥。那個王的侍從在城門口維持秩序時被過往的人群踩死，雖看到美味的食物，卻未能品嘗它。

「撒瑪利亞的饑荒」意在頌揚以利沙料事如神的能力。以色列京都被亞蘭大軍重重圍困，城內食品嚴重短缺，物價飛漲，人心沮喪。這時以利沙預言：一天後，在撒瑪利亞就能買到物美價廉的糧食。國王的侍從不信，而事實確如以利沙所言，經歷一場奇異的事變過後，眾人於第二天就買到又好又便宜的麥子。

這個片斷有其重要的史料價值。其中述及饑民為求果腹竟至輪流把親生孩子煮著吃，這是何等淒慘的景象！它怎不令人對戰爭的災難產生極深的感受！

右圖：一個婦女向他呼喊：「我主我王，請幫助我！」

258

7-12 擲殺耶洗別

耶洗別是西頓王謁巴力的女兒，以色列王亞哈的王后。她引誘亞哈在以色列的都城建造巴力廟，並豎起假神亞舍拉的柱像。

她獨攬朝政，陰險毒辣地殺死許多耶和華的先知，同時供養了侍奉亞舍拉的先知四百人，侍奉巴力的先知四百五十人。

提斯比的先知以利亞把以色列人聚集到迦密山頂，靠著耶和華的權能證實耶洗別供奉的巴力是假神，將那四百五十個巴力先知帶到基順河邊，全部殺死。

耶洗別對此事十分惱怒，起誓殺死以利亞。以利亞幾經周折，才逃脫她的毒手。

耶洗別的又一罪行是幫助丈夫亞哈強佔耶斯列人拿伯的葡萄園。她派人惡毒地誣陷拿伯，用石頭把他活活砸死。

由於耶洗別罪大惡極，先知以利亞預言，將來她的肉必被狗吃。亞哈死後第十一年，耶戶受膏做以色列王。他按耶和華的吩咐，擊殺亞哈全家，懲罰殺害眾先知的耶洗別。

耶戶在耶斯列人拿伯的田裡遇見亞哈的兒子約蘭，用開滿弓的箭射中他的脊背，把他射穿，令人將其屍體拋在田間。

耶戶到達耶斯列時，耶洗別正在擦粉梳頭，她從窗戶裡向外觀看。耶戶闖進門來，對兩三個宮中的官員說：「把她扔下去！」

他們就把耶洗別從窗戶裡扔下去。她的血濺在地上和馬匹身上，耶戶的馬車從她身上滾過去。

在西方文學中，「耶洗別」喻指「心狠手辣的壞女人」。耶洗別被憤怒的人們從窗戶裡扔出去摔死，以可恥的下場告終，應驗了先知以利亞的預言。

以利亞預言耶洗別必遭兇死的直接前因，是拿伯被害致死事件。耶斯列人拿伯有個葡萄園，在亞哈的王宮附近。亞哈王想用那塊地作菜園，希望用錢購買或用另一塊地交換他的葡萄園，但拿伯不同意。耶洗別聽說後，便給城中的長老寫了一封密信，讓他們僱傭流氓打手把拿伯害死。

長老們按耶洗別的陰謀行事，宣告禁食一天，並把眾人召集起來，請拿伯坐在上位。然後讓兩個流氓當眾控告他，說他咒罵了上帝和國王。於是，眾人把拿伯拖出城外，用石頭打死。

事後，亞哈堂而皇之地霸占了拿伯的葡萄園。

右圖：他們就把耶洗別從窗戶裡扔下去。

7-13 耶洗別的下場

耶戶趕車進王宮後吃了一餐飯。他下令把耶洗別埋葬，因為她畢竟是國王的女兒。但前去埋葬的人只找到頭骨和手腳，其餘軀體都被野狗吃掉了。

耶戶說：「這是要應驗耶和華藉先知以利亞所說的話：狗在耶斯列的田間，必吃耶洗別的肉；耶洗別的屍體必如糞土，無法被人辨認出來。」

亞哈王有七十個子孫住在撒瑪利亞。耶戶給那城裡的首領、長老和亞哈子孫的監護人寫信，說：「你們是監護國王後代的人，有自己的馬車、馬匹和武器，還有設防的城鎮。接到這封信後，請在國王後代中選出一個最能幹的，立他做王，為他征戰。」

撒瑪利亞的首領們個個心驚膽戰，說：「我們怎麼能抗拒耶戶呢？就連約蘭王也不敢與他對抗啊！」於是，他們一起派人去見耶戶，對他說：「我們都是你的僕人，凡你所吩咐的，我們都必遵行。我們不立任何人做王。你覺得該怎麼辦，就怎麼辦吧。」

耶戶又給他們寫去一信，說：「你們如果歸順我，願意服從我的命令，到明天這時候，就把亞哈子孫們的頭送到耶斯列來。」

撒瑪利亞的權貴們接到信，就把亞哈的七十個子孫全部殺死，把他們的頭裝在筐裡，交給耶戶。

第二天早晨，耶戶到城門口去，對那裡的百姓說：「是我反叛約蘭王，把他殺了，你們沒有責任。但是，這些亞哈的後代是誰殺的呢？難道不是你們嗎？這件事說明，耶和華對亞哈的預言全都實現了。」耶戶又下令把亞哈家族在耶斯列的親屬、官員、朋友和祭司全部殺死，一個也不留下。

本篇承接上篇，續寫耶洗別和亞哈家族的下場。耶洗別的屍體被野狗肢解後撕吃，僅餘頭骨和手腳；亞哈王的七十個子孫原由撒瑪利亞城的首領、長老和權貴們監護，監護人畏懼新王耶戶的威力，按其指令將七十個子孫全部殺死；接著亞哈家族在耶斯列親朋好友也被耶戶處死，一個也沒有幸免。

這些事件其實記載了以色列古代史上的一次政變，政變的策動人是先知以利沙。以利沙趁亞哈之子約蘭去耶斯列養傷之機，派一個先知門徒膏立軍人耶戶為王。耶戶受膏後相繼殺死約蘭、耶洗別、亞哈的七十個子孫、官員和親友，在亞哈家族的血泊中建立起自己的王朝。

右圖：前去埋葬的人只找到頭骨和手腳……

7-14 亞他利雅的篡位和滅亡

猶大王亞哈謝被耶戶擊殺後，他母親亞他利雅趁機篡奪了國位。猶大王室的全部血親都被她處死，只有亞哈謝的兒子約阿施僥倖逃脫。

約阿施幾遭殺戮後，他姑母約示巴將他保護起來。她把約阿施藏在聖殿一間密室裡，在亞他利雅以太后身分統治的六年中，一直秘密地保護他。

到了第七年，大祭司耶何耶大在聖殿召見負責保衛王宮的首領，讓他們起誓配合他的計劃。他把亞哈謝的兒子約阿施帶到他們面前，說惟獨這個孩子才是真正的王位繼承人。耶何耶大命令他們：「你們要手持刀槍，保護約阿施王，他走到哪裡，你們就跟到哪裡。不論是誰，只要靠近他，就格殺勿論！」

首領們遵照耶何耶大的部署，把他們的部下全都集合起來。耶何耶大把大衛王時代存放在聖殿裡的刀槍和盾牌取出來交給首領們；又派手持鋼刀的護衛兵守在聖殿周圍，保護幼主。然後他把約阿施帶出來，把王冠戴在他頭上，把一本印有王權條款的律法書交給他。就這樣，他把約阿施膏立為王。

百姓們見狀，齊聲歡呼道：「願王萬歲！」

亞他利雅太后聽到士兵和百姓們的歡呼聲，匆忙到眾人聚集的聖殿去觀看。她看見新王站在聖殿門前的柱子旁邊，首領和眾人都圍著他歡呼跳躍，氣憤地撕裂衣裳，高聲喊道：「反了！反了！」耶何耶大說：「不可在聖殿裡殺她！」他吩咐眾人讓開路，使亞他利雅走到王宮的馬門，在那裡把她殺死。

亞他利雅是南北方並立時期惟一的女王，在位六年。但《舊約》不承認她是猶大王，未說她登基的年齡和稱王的年限，只說她「篡奪了國位」。她來自北方王族，不屬大衛一脈，但既嫁為王后，仍應歸在大衛家族的譜系中。大祭司耶何耶大是推翻亞他利雅的策劃人和主持者，因這次為大衛家族立了功，死後被安葬在大衛城的列王墓裡。

右圖：耶何耶大……使亞他利雅走到王宮的馬門，在那裡把她殺死。

264

7-15 獅子咬死異族人

以色列王何細亞在位第九年，亞述王撒珥根二世於重兵圍困三年之後攻下北國京都撒瑪利亞，將百姓擄掠到遙遠的亞述去，安置在哈臘、歌散的哈博河邊，以及瑪代人的城鎮。

與此同時，亞述王從巴比倫、古他、亞瓦、哈馬和西法瓦音遷移當地居民到撒瑪利亞及其周圍的城鎮，以取代被擄掠的以色列人。亞述人就這樣佔據了以色列的城鎮，居住下來。

他們剛住下的時候，不懂得敬拜耶和華，耶和華就派出獅子，把他們中的許多人咬死。有人去稟告亞述王，說那些遷居於撒瑪利亞的亞述人不知道當地的宗教規矩，以致被神明派出的獅子咬死。

亞述王乃頒布命令：「把擄來的祭司派回去一個，讓他住在那裡，把當地敬神的規矩向百姓們講解。」於是，一個從撒瑪利亞擄來的祭司又派回到伯特利去住，教導眾人怎樣敬拜耶和華。

可是，移居於撒瑪利亞的異族人也製造各種偶像，把偶像供奉在以色列人的神廟中。

那些異族人各在所居之地造偶像：巴比倫人造了疏割比訥神的像，古他人造了匿甲神的像，哈馬人造了亞示瑪神的像，亞瓦人造了匿哈和他珥他神的像，西法瓦音人把他們的兒女燒死，獻給亞得米勒神和亞拿米勒神。

這些人同時也敬拜耶和華上帝。他們從本族選出祭司，在山上的神廟裡侍奉，指導百姓如何向上帝獻祭。他們既敬拜耶和華，又按照本族的習俗奉拜自己的神靈。

「獅子咬死異族人」，透露出北國以色列淪亡後，所發生的一些情況。

公元前722年，亞述王撒珥根二世於重兵圍困三年之後攻陷以色列京都撒瑪利亞城，將數萬百姓擄掠到兩河流域乃至裡海一帶居住，同時把巴比倫、古他、亞瓦等地的外族人遷到撒瑪利亞。這種政策堪稱「大換血」，目的是從根本上消滅以色列民族的血統和宗教傳統。

這一政策無疑成效顯著。隨著時光的流逝，遷走的以色列人不知所終，成為著名的東方歷史之謎——「失蹤的以色列十支派」；遷來的外族人則帶來各自的宗教習俗，它們極大地動搖了耶和華在北方的獨尊地位。年深日久，外來民族與當地的以色列遺民通婚生育，形成血統不純的所謂「撒瑪利亞人」；時至波斯時期，撒瑪利亞人竟反對猶太人回歸路撒冷，重建聖殿。

右圖：……耶和華就派出獅子，把他們中的許多人咬死。

7-16 | 阿摩司講預言

阿摩司起初不是先知，也不是先知門徒，而是南方伯利恆附近一個小鎮提哥亞的居民，以牧羊和修剪桑樹為生。

他在猶大王烏西雅和以色列王耶羅波安二世在位時做先知，主要向北國以色列講預言，有時也兼論南國猶大和四鄰諸國。

當時富人和上層祭司醉心於宗教禮儀，企圖以豐盛的供奉、鋪張的祭典取悅神靈，以突出自己在宗教和政治上的特權地位。

阿摩司針鋒相對地貶低宗教禮儀的價值，強調最重要的事是持守公平和正義。他傳來這樣的神諭：

「我厭惡你們的節期，
也不喜悅你們的嚴肅會。

你們雖然向我獻燔祭和素祭，

我並不悅納；

也不顧念你們用肥畜獻的平安祭。

要使你們歌唱的聲音遠離我，

因為我不願聽到你們彈琴的聲響。

惟願公平如大水滾滾，
使正義如江河滔滔。」

阿摩司還以精美的詩句告訴百姓，先知的使命乃是傳達上帝的信息：

「二人若不同心，
豈能同行呢？
獅子若非抓食，
豈能在林中咆哮呢？
城中若吹角，
百姓豈能不驚恐？
主耶和華要採取行動的時候，
必定會把奧秘指示給他的眾先知。
獅子吼叫，
誰能不懼怕呢？
主耶和華發命，
誰能不說預言呢？」

7-17 以賽亞蒙召

猶大王烏西雅逝世那年，亞摩斯的兒子以賽亞看見了主耶和華。他坐在高高的寶座上，長袍下垂，覆蓋著整個聖殿。

他的周圍有天使撒拉弗侍立。他們各有六個翅膀：兩個遮臉，兩個遮體，兩個飛翔。他們彼此呼應道：

「聖哉！聖哉！聖哉！

耶和華是萬軍的統帥，

他的榮耀充滿天地！」

他們的呼喊聲震動了聖殿的地基，使聖殿裡煙雲籠罩。以賽亞驚呼道：「禍哉！我要滅亡了！因為我的話語不潔淨，我周圍眾人的話語也不潔淨。況且，我親眼看到了萬軍的統帥耶和華！」

這時一個六翼天使向以賽亞飛去。他用火鉗從祭壇上取來一塊紅炭，用它觸動以賽亞的嘴唇，說：「這塊紅炭碰到你的嘴唇，你的過犯就消除了，你的罪愆就赦免了。」

就在此刻，以賽亞聽到主的聲音：「我可以差遣誰呢？誰肯為我們傳話呢？」

以賽亞回答：「我，請差遣我！」

於是耶和華讓以賽亞告訴百姓：「你們聽了又聽，卻聽不明白；看了又看，卻看不清楚。」

以賽亞問：「主啊，這種情形要持續多久呢？」

他回答：「直到城邑毀滅、人煙絕跡、房屋無人居住、土地盡都荒蕪之際。我要把眾民放逐到遠方去，使國土全都廢棄。十人之中若留下一人，那人也要被消滅。他要像被砍伐的橡樹，雖然遍體都是刀斧痕跡，殘幹卻能留存。」

以賽亞是公元前8世紀下半葉猶大國的著名先知。據《以賽亞書》載，他出身於耶路撒冷的名門望族，其父亞摩斯和烏西雅王的父親亞瑪謝是親兄弟，他本人和烏西雅王是堂兄弟。他於烏西雅王逝世那年（公元前740）在聖殿中見異象，蒙召做先知，本文所述即當時莊嚴、聖潔的場景。

以賽亞歷經烏西雅、約坦、亞哈斯和希西家四王秉政，做先知長達四十年。他的妻子是個女先知，兩個兒子都起了帶有寓意的名字，長子名「瑪黑珥沙拉勒哈施罷斯」，意謂「擄掠速臨，搶奪快到」；次子名「施亞雅述」，意謂「遺民回歸」。另據猶大傳說，以賽亞於昏君瑪拿西當政年間，遭受鋸刑，殉難而死。

右圖：以賽亞回答：「我，請差遣我！」

7-18 | 巴比倫覆滅的異象

亞摩斯的兒子以賽亞從上帝的默示中，看到巴比倫覆滅的異象。他說：

「要在荒蕪的山岡上豎起大旗，
向戰士們下達命令，舉起手臂，
發出攻擊那驕傲之城的信號。
耶和華已經點齊大能的勇士，
去打那神聖的仗；
他要懲罰那激怒了他的國家。
星星不再發出光輝，
太陽初升就昏暗失色，
月亮也變得暗淡無光。
耶和華要激勵瑪代人攻擊巴比倫。
瑪代人不貪白銀，不愛黃金，
他們要射死年輕人。
他們不憐恤嬰兒，
也不愛惜孩童。
巴比倫素來是列國的榮耀，
是迦勒底人的光榮。

以賽亞的預言內容豐富，其中一個重要方面，是無情地詛咒與以色列為敵的各鄰國，宣告他們必定遭到上帝的審判。巴比倫人固然驕橫狂傲，強暴殘忍，在耶和華上帝大發烈怒的日子，定將遭到嚴厲的刑罰。他們的城邦將被傾覆，成為一片廢墟，只剩下貓頭鷹、鴕鳥、野山羊、豺狼和野狗出沒。

右圖：「巴比倫已經大難臨頭！它的末日就要來到！」
後圖：局部

但耶和華必傾覆它，
像毀滅所多瑪和蛾摩拉一樣。
再不會有人住那裡，
再沒有阿拉伯人在那裡放羊。
那地方只剩下野獸出沒：
貓頭鷹要在那裡搭窩，
鴕鳥要在那裡奔馳，
野山羊要在廢墟上跳躍，
豺狼要在宮室中嗥叫，
野狗要在樓閣中狂吠。
巴比倫已經大難臨頭！
它的末日就要來到！」

7-19 ｜ 刀劈海怪

大先知以賽亞傳講上帝審判世界的訊息時，預言上帝屆時將刀劈不可一世的大海怪：「到那日，耶和華必用他剛硬有力的大刀刑罰海怪，就是那快行的蛇；刑罰海怪，就是那曲行的蛇，並殺死海中的大魚。」

海怪（Leviathan，中文和合本聖經譯為「鱷魚」）是猶太傳說中，不可一世的龐然大物和海洋霸主。義人約伯在與友人論辯時曾提到它：

「它是驕傲的水族之王，
身體巨大，鱗甲堅固，牙齒可畏。
它打噴嚏，就發出光來；
它的目光像清晨的光線。
它口中噴出燃燒的火把，
飛迸出耀眼的火星；
它鼻中冒出濃煙，
如同燒開的鍋和點燃的蘆葦。
它的肉塊互相連絡，
緊貼其身，不能動搖；
它的心腸如石頭，堅如磨盤。
它站立起來，勇士就驚恐；
心慌意亂，全都昏迷。
人用刀槍扎它，無濟於事；
它以鐵為乾草，以銅為爛木。
箭不能恐嚇它，使它逃遁；
它視彈石為碎秸，看棍棒為禾草。

「刀劈海怪」是《舊約》中著名的神話傳說。《舊約》以奇妙的想像寫出海怪的龐大、狂傲、凶猛和令人畏懼：「它口中噴出燃燒的火把，飛迸出耀眼火星……；它以鐵為乾草，以銅為爛木……；它使深淵開滾如鍋，使海水如鍋中的膏油……。」然而，無論何等凶猛可怕，它都無法逃脫耶和華上帝的刀劈刑罰。

後世西方人以此海怪喻指「無法抵擋的龐然大物」、「不可一世的暴君」，尤指「海上霸主」。

右圖：「到那日，耶和華必用他剛硬有力的大刀刑罰海怪……。」
後圖：局部

　　它嗤笑短槍的颼颼響聲；
　　它肚腹下如有尖銳的瓦片，
　　行走時如釘耙穿過淤泥。
　　它使深淵開滾如鍋，
　　使海水如同鍋中的膏油。
　　它行走時發出一道白光，
　　令人想起深淵，想起白髮。
　　地上的被造物沒有誰像它那樣，
　　無所恐懼，無所害怕。
　　凡龐然大物，它無不藐視，
　　它在水族中驕傲地稱王稱霸。」
　　但亞摩斯的兒子以賽亞斷言，這個世無其匹的大海怪在耶和華上帝面前，必定如蛇一樣威風掃地，遭受刑罰。

7-20 彌迦傳訊息

小先知彌迦是摩利沙人，家鄉可能在迦特附近的小山村。他在猶大王約坦、亞哈斯、希西家在位時說預言，傳來斥責社會罪惡、呼求公義仁慈、憧憬光明未來訊息。

針對撒瑪利亞和耶路撒冷權勢者的深重罪孽，彌迦無情地揭露道：

「雅各的首領，
以色列的官長啊，
你們要留心聽。
你們不該懂得公平嗎？
你們惡善好惡，
從人身上剝皮，
從人骨頭上剔肉；
吃我民的肉，
剝他們的皮，
打折他們的骨頭，
分成塊子像要下鍋！」

彌迦諄諄地告誡以色列人，只有虔誠、善良、富於慈愛和憐憫之心，才能得到上帝的福佑：

「耶和華豈喜悅千千的公羊，
或是萬萬的脂油？
世人哪，
耶和華已經指示你何者為善。
他向你要的是什麼呢？
只要你行公義好憐憫，
存謙卑的心，與你的上帝同行。」

在《舊約》中，彌迦的預言以嫉惡如仇的精神給人留下了深刻印象。他揭露當權者「從人身上剝皮，從人骨頭上剔肉；吃我民的肉，剝他們的皮，打折他們的骨頭，分成塊子像要下鍋」，即使今天讀來也令人不寒而慄，心驚髮指。

彌迦最著名訊息是：「世人哪，耶和華已經指示你何為善。他向你要的是什麼呢？只要你行公義好憐憫，存謙卑的心，與你的上帝同行。」明示只有虔誠、善良、富於慈愛與憐憫之心，才能得到耶和華的福佑，國家才能興盛繁榮。

右圖：「世人哪，耶和華已經指示你何者為善……。」
後圖：局部

在民族危亡的陰影日益濃重之際，彌迦指出，國破
家亡的災難固然難免，但災難過後必有新生：
「末後的日子，
耶和華聖殿的山必定堅立，
超乎諸山，高於萬嶺，
萬民都要流歸這山。
他們要將刀打成犁頭，
把槍打成鐮刀。
這國不舉刀攻擊那國，
他們也不再學習戰事。」

7-21 天使擊殺亞述人

亞述人摧毀以色列京都撒瑪利亞以後,亞述王西拿基立率大軍向西方繼續擴張,給猶大國造成嚴重威脅。

猶大王希西家為此而驚恐不安。大先知以賽亞遂派人向他傳講耶和華的諭旨,告訴他,上帝必定保護猶大國平安無恙:

「耶和華如此說:
亞述王西拿基立啊,
耶路撒冷在譏笑你,
藐視你,向你搖頭。
你知道你侮辱的是誰?
諷刺的是誰?
——是以色列神聖的上帝!
你派使者向我誇耀,
你的戰車曾削平高山,
甚至征服了黎巴嫩的最高峰。
難道你沒有聽說過,
我早就計劃好這一切!
你做什麼,到哪裡去,
我都知道。
我知道你在向我發怒。

我早聽說你狂傲易怒。
現在,我要用鉤子穿過你的鼻子,
拿嚼環套住你的嘴;
你從哪條路來,
我還要從哪條路拉你回去。」

當天夜晚,耶和華的天使就進入亞述兵營,殺死十八萬五千人。次日黎明人們舉目四望,只見遍地都是屍體。亞述王西拿基立只得撤軍,返回他的國都尼尼微去。

西拿基立回國後,有一天去廟裡跪拜他的神尼斯洛,不料,他的兩個兒子亞得米勒和沙利色突然竄出來,用刀把他殺死。他們弒父後逃往亞拉臘,另一個兒子以撒哈頓繼承了王位。

史籍記載,公元前705年亞述新王西拿基立繼承父位,四年後攻佔猶大國的設防城鎮數十座,兵臨耶路撒冷。然而,亞述大軍卻突然大量死亡(即《舊約》所述天使殺死亞述士兵十八萬五千人),西拿基立不得不倉皇撤軍。此事的真相何在?古希臘史學家希羅多德認為,亞述人乃死於鼠疫——一種非常嚴重的急性傳染病,能在極短時間內使群居者大批患病,倒斃身亡。

以賽亞勸諫希西家王的小詩寫得才華橫溢,令人擊案叫絕。詩章以耶和華親自警告西拿基立的口吻,對這個狂妄自負的異國君王進行了淋漓痛快的挖苦和揶揄。

右圖:當天夜晚,耶和華的天使就進入亞述兵營,殺死十八萬五千人。

284

捌

巴比倫之囚

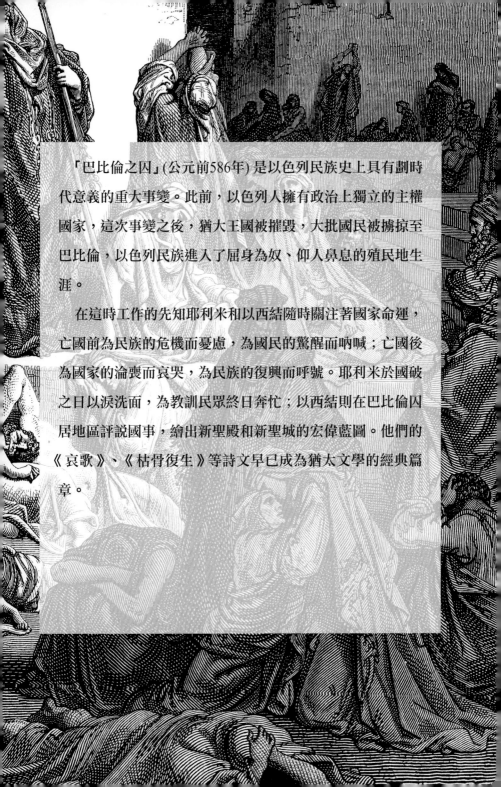

　「巴比倫之囚」(公元前586年) 是以色列民族史上具有劃時代意義的重大事變。此前，以色列人擁有政治上獨立的主權國家，這次事變之後，猶大王國被摧毀，大批國民被擄掠至巴比倫，以色列民族進入了屈身為奴、仰人鼻息的殖民地生涯。

　在這時工作的先知耶利米和以西結隨時關注著國家命運，亡國前為民族的危機而憂慮，為國民的驚醒而吶喊；亡國後為國家的淪喪而哀哭，為民族的復興而呼號。耶利米於國破之日以淚洗面，為教訓民眾終日奔忙；以西結則在巴比倫囚居地區評說國事，繪出新聖殿和新聖城的宏偉藍圖。他們的《哀歌》、《枯骨復生》等詩文早已成為猶太文學的經典篇章。

8-1 | 耶路撒冷陷落

猶大王西底家背叛了巴比倫王尼布甲尼撒，因此，尼布甲尼撒率領大軍攻打耶路撒冷，那是西底家王在位第九年的十月初十日。

巴比倫軍隊駐紮在城外，繞著城牆築壘攻擊，一直圍困到西底家王在位的第十一年。那年四月初九日，城裡發生嚴重饑荒，百姓早已經斷糧，城牆也被巴比倫人攻破。

西底家王為了活命，帶著守城士兵趁夜色從王家花園溜出城外，穿過兩個城門，向約旦河谷逃去。

巴比倫軍隊匆忙追趕西底家，在耶利哥附近的平原捉住他，當時他的隨從都離開他，四散逃命去了。

西底家被帶到利比拉城的尼布甲尼撒王那裡。尼布甲尼撒殘酷地處罰西底家，當面殺死他的兒子們，然後把他眼睛挖出來，用鏈子拴住他，帶到巴比倫去。

巴比倫王尼布甲尼撒十九年五月初七日，國王的顧問兼護衛長尼布撒拉旦進入耶路撒冷，燒毀聖殿、王宮、要人官邸，並命令部隊拆毀城牆。然後，他把留在城裡的工匠及其他有技能的人都擄到巴比倫，只把貧苦百姓留下來，叫他們在葡萄園和農田裡幹活。

史學家認為，猶大國淪亡的「巴比倫之囚」事件由前後相連的三次劫難構成：公元前597年，巴比倫王尼布甲尼撒首次攻陷了耶路撒冷，擄走約一萬人；公元前586年，尼布甲尼撒再次攻陷耶路撒冷，焚毀聖殿、王宮和民房，將幾乎全城居民都擄走；公元前581年，尼布甲尼撒的護衛長尼布撒拉旦從耶路撒冷又擄走七百多人。其中耶路撒冷受損最慘重的是第二次，本文便記載了當時的一些情況。

右圖：尼布甲尼撒殘酷地處罰西底家，當面殺死他的兒子們……。
後圖：局部

　巴比倫人把聖殿的銅柱、銅座和大銅海都打碎，殘銅運往巴比倫。他們把清理祭壇用的鏟子、灰壺、燭花剪刀、盛祭牲血用的大碗，以及聖殿崇拜儀式上使用的所有銅器都帶走。他們還把所有金銀器具，包括裝火炭的爐和小盆也帶走，其中所羅門王為聖殿鑄造的兩根銅柱、銅座和大銅海，它們的重量無法稱量。

　此外，尼布撒拉旦還抓住祭司、軍官、王室顧問、文官和地方官員，或嚴刑拷打後處死，或押解到巴比倫去。就這樣，猶大國京城陷落，民眾被擄掠到異國他鄉。

8-2 | 耶利米為國難哀哭

大先知耶利米生活在猶大國由衰而亡的悲劇性年代，畢生都因國難將至而憂心忡忡，涕泗漣漣。早在蒙召之日，他就傳達神諭說：「必有災禍從北方發出，臨到這地的一切居民。

「看哪，我要召北方的眾族，他們要來，各安座位在耶路撒冷的城門口，從周圍攻擊城牆，又攻擊猶大的一切城邑。」

隨後，耶利米又以「獅子動身」比喻可怕的災禍：「我必使災禍與大毀滅從北方來到。有獅子從密林中上來，是毀壞列國的。它已經動身，離開本處，要使你的土地荒涼，使你的城邑變為荒場，無人居住。」

耶利米甚至形象地預見了大災難之後的慘象：「我觀看地，不料地是空虛混沌；我觀看天，天也無光。我觀看大山，不料盡都震動；小山也都搖來晃去。

「我觀看城中，不料無人，空中的飛鳥也都躲避。我觀看四野，不料肥田變為荒地，一切城邑都因耶和華的烈怒被拆毀。」

耶利米為此而痛心之至：「但願我的頭為水，眼為淚的泉源，好為我百姓中被殺的人晝夜哭泣。」

他讓婦女們縱聲哀哭，並教導兒女舉哀，教給鄰人唱哀歌，「因為死亡上來，進了我們的窗戶，入了我們的宮殿，要在外面剪除孩童，從街上剪除少年人。」

在耶利米看來，國破家亡乃是民眾犯罪作惡的結果；要想免予受罰，只能痛心悔過，回到耶和華上帝指示的正道上來。

耶利米出生於便雅憫地方亞拿突城一個祭司家庭，父名希勒家，生平事跡不詳。他於約西亞王第十三年開始做先知，歷經約西亞、約哈斯、約雅敬、約雅斤和西底家五代王朝，直到西底家王第十一年五月耶路撒冷陷落後被人裹挾到埃及，前後綿延四十年之久。他畢生都為猶大國的災難而哀哭，被稱為「流淚的先知」。

右圖：耶利米……因國難將至而憂心忡忡，涕泗漣漣。
後圖：局部

　耶利米劁切盼望自己的同胞都有一顆聖潔的新心，早在舊約時代就提出「新約」之説：「日子將到，我要與以色列家和猶大家另立新約。……我要將我的律法放在他們裡面，寫在他們心上。我要做他們的上帝，他們要做我的子民。」

　基督徒將此語推崇為耶利米最偉大的貢獻，認為它闡明了「《舊約》中的新約，《新約》前的新約。」

8-3 巴錄追隨耶利米

猶大王約雅敬在位第四年，耶利米聽到耶和華的吩咐：「你去拿書卷來，把我所説有關以色列、猶大和列國的事都記下來。」於是耶利米請來尼利亞兒子巴錄，向他口授耶和華所説的話，讓他記錄在書卷上。

耶利米對巴錄説：「我被禁止進入聖殿，所以到了下次禁食的日子，你要到聖殿去，向眾人大聲宣讀這書卷上的話。他們聽了上面的話，也許會離棄邪路，因為耶和華在烈怒中嚴厲警告了他們。」

約雅敬在位第五年的九月，眾人為了取悦耶和華，宣布禁食，耶路撒冷居民和來自猶大各地的百姓都遵守了禁食日。巴錄在聖殿秘書基瑪利雅的房間裡當眾宣讀了書卷上的話。

基瑪利雅的兒子米該亞聽到那些話，連忙到宮廷秘書的房間去，當時宮中的許多官員都在那裡。他把巴錄宣讀的話向他們一一報告。他們遂派出尼探雅的兒子猶底傳喚巴錄，叫他把書卷帶來。

巴錄帶來書卷，唸給他們聽。他們聽了上面的話，驚慌得面面相覷，紛紛説：「我們必須把這件事稟告國王。」

猶底把書卷上的話唸給約雅敬王和他左右的官員。那時正是冬天，約雅敬王正坐在冬宮的火爐前烤火。猶底剛唸完三四段，約雅敬就聽不下去了，他奪過書卷，用刀割破，丟進火爐裡，並眼看著整個書卷化為灰燼。

巴錄是大先知耶利米的友人和書記，曾把耶利米口授的預言記錄於卷，在眾人面前誦讀。約雅敬王聞言而怒，派人傳喚他，把預言書燒毀。後來巴錄遵照耶利米的吩咐又記一書，除收入原有的預言外，還增添一些相仿的話。相傳巴錄另寫有：《巴錄書》、《巴錄二書》和《巴錄三書》。本文敘述了巴錄為耶利米記錄預言的一些情況。

右圖：巴錄再次記下耶利米口授的話。
後圖：局部

　　在場的以利拿單、第來雅和基利瑪雅請求約雅敬王不要燒書，他不但不理會，反而下令抓捕耶利米和巴錄。但耶利米和巴錄已經躲藏起來。

　　此後，耶和華吩咐耶利米把那卷書上的話再寫到另一卷書上，並增添新的內容：「約雅敬啊，你的後代必不能繼承大衛的王位。你的屍體將被棄於荒郊野外，白天受炎陽燒灼，夜間遭寒霜侵襲。你、耶路撒冷和猶大的眾人既不聽從我的警告，我必把所預言的災難降到你們身上。」

　　巴錄再次記下耶利米口授的話。除了上次那卷書中的內容，又增添一些新的內容。

8-4 | 悲切深沈的愛國絕唱

在耶路撒冷不幸陷落、眾民慘遭擄掠的日子裡，大先知耶利米寫了五篇迴腸蕩氣的哀歌，抒發出悲切深沉的亡國之恨和憂民之情，被傳為愛國的絕唱。

耶利米吟唱道：

「何黃金之變色兮，純金黯淡，
彼神闕之聖石兮，棄諸路畔！
嘆錫安之眾子兮，貴比精金，
今賤於陶工手兮，所製瓦瓶。
顧猛犬能哺幼兮，厥性柔和；
何民女而獷悍兮，沙漠之鴕！
彼嬰兒之失乳兮，舌貼焦膛，
兒求餅而嗷嗷兮，孰與乾糧？
享珍饌之王孫兮，伏路孤寒，
曾衣錦而褓朱兮，偃臥糞壤！
所多瑪之速亡兮，非為人力，
今吾民之罪愆兮，更為可恥！
昔貴胄白於乳兮，皎皎如雪，
豐潤勝於珊瑚兮，冰清玉潔；
今塵容之黎黑兮，莫識於途，
形憔悴而銷鑠兮，枯如槁木。
毋餓死於饑荒兮，寧蹈白刃，
不得田園蔬果兮，衰竭昏暈。
哀吾民遭屠戮兮，民女不仁，
親烹兒嬰而食兮，腹饑難忍！」

　　　　（朱維之譯文）

這些哀歌深得以色列人喜愛，成為他們每年國恥紀念日必誦的詩章。

在詩體格律方面，耶利米的五篇哀歌歷來為世人所稱道。它的前四篇均為字母序詩，每節首字母壓頭韻，每首詩二十二節的開頭依次使用希伯來文的二十二個字母，給人以整齊規範的視覺印象，且便於誦讀和記憶。

在音律方面，這幾首詩都採用了被稱為「氣納體」的哀歌句法，上句氣長三音步，下句氣短二音步，中間有短暫的停頓（朱維之先生的騷體譯文用「兮」字表示），成功地傳達出悲愴氣塞、難以卒讀之狀。

右圖：「享珍饌之王孫兮，伏路孤寒……。」

8-5 | 以西結講預言

猶大國淪亡之際，與耶利米大體同時，還有另一位著名先知在活動，他就是以西結。

猶大國淪亡前，以西結的言論主要是哀號、嘆息和悲痛之語。他指控耶路撒冷背道、祭拜偶像、與異邦結盟；斥責假先知用欺騙與謊言掩飾迫近的災禍，將百姓引入歧途；哀嘆所有道德及宗教誡律都被國民踐踏。

在以西結看來，猶大人的罪孽罄竹難書，以致耶和華怒氣勃發，不降災施罰不解心頭之恨：

「因為你們都成了渣滓，

我必將你們聚集在耶路撒冷城；

人們怎樣把銀子熔化在爐中，

我就怎樣把你們熔化在耶路撒冷。」

以西結擅長以象徵性的動作發預言。他剃掉頭髮和鬍鬚，將其分成三份，一份在耶路撒冷用火焚燒，一份在城的四周用刀剁碎，另一份任憑大風吹散；示意聖城陷落之日，民眾的三分之一將在城中遭受瘟疫和饑荒而死，三分之一在城的四周倒在刀下，三分之一分散於四方，到處漂流。

以西結曾把耶路撒冷畫在一塊磚上，在磚的周圍造台築壘，安設撞錘攻擊，以此預演不日將臨的災難。他於夜間挖牆攜物而出，示意京城陷落時君王將照此倉惶逃命。他還把牛糞烤在餅上，以示以色列人被擄後，必定吃不潔的食物。

以西結憧憬以色列民族未來的復興，洋洋灑灑地描繪了新聖城和新聖殿的圖景，對國家政體的重建表現出異常堅定的信念和極高的熱情。

以西結是猶大族祭司布西的兒子，自己也是祭司。公元前597年，巴比倫王尼布甲尼撒率軍第一次攻佔耶路撒冷時，他同約斤王一道被擄至巴比倫，居住在迦巴魯河邊提勒亞畢的猶大人聚居區。

以西結於被擄後第五年開始做先知，向囚居在巴比倫的同胞講預言。這時猶大國尚未滅亡，他雖身在異國他鄉，卻隨時關注著耶路撒冷的命運。以公元前586年耶路撒冷陷落為界，以西結的預言貫穿了兩大主題：陷落前，宣告猶大和耶路撒冷必因罪孽深重而遭審判；陷落後，預言聖民、聖城和聖殿必因上帝的拯救而復興。本文舉例介紹了其預言的內容和特色。

右圖：以西結指控耶路撒冷背道、祭拜偶像、與異邦結盟……。

8-6 │ *枯骨復生*

耶和華的靈臨到以西結，把他帶到山谷中。耶和華帶他走遍山谷，他看見山谷裡到處都是乾枯的骨頭。耶和華問他說：「必朽的人哪，這些骨頭還能再活過來嗎？」

他回答：「至高的耶和華啊，只有你才知道。」

耶和華吩咐他：「要向這些骨頭說預言，告訴他們耶和華要把氣息吹進他們裡面，使他們再活過來。耶和華要使他們生筋長肉，再包上一層皮。這樣他們就知道耶和華是上帝。」

於是，以西結遵照命令說預言。正說時，他聽到瑟瑟的響聲，發現一陣騷動，骨頭彼此連接起來。他注意觀看，看見骨頭開始生筋長肉，包上一層皮，只是體內還沒有呼吸。

耶和華對以西結說：「必朽的人哪，你要向風說預言，告訴它，至高的耶和華這樣說：『從四面八方吹來吧，吹進這些軀體，使他們活過來。』」

以西結便遵照耶和華的命令向風說預言。於是，氣息進入那些軀體，軀體就活了，站立起來。他們的數量多得很，足夠編成一支大軍。

耶和華對以西結說：「必朽的人哪，以色列人正像這些枯骨。他們覺得自己已經乾枯，沒有希望，也沒有前途。所以，你要向我的子民以色列人說預言。

「要告訴他們，至高的耶和華將打開他們的墳墓，把他們帶出來，領他們回到自己的家園。耶和華要把氣息吹到他們裡面，使他們再活過來，都能住在自己故鄉的土地上。

「凡是耶和華說的話，都會實行。耶和華就這宣布了。」

以西結的預言在文章作法上別具一格，特色鮮明。它文筆優美，語詞洗練，想象力異常豐富，通篇充滿神奇的異象、寓言、比喻和象徵，在古猶太先知書中以文學色彩濃郁著稱。

「枯骨復生」是《舊約》中著名的對話體寓言故事。記述大先知以西結在荒蕪的山谷中看到許多枯骨，他遵照耶和華的命令，向它們說預言，要它們再度復生。結果發現，那些枯骨應聲連接起來，生筋長肉，包上皮膚，吸入氣息，站起身來，數量多得足夠編成一支大軍。借助這些形象化的描寫，以西結安慰自己的同胞：淪落異邦、仰人鼻息的以色列人必定重歸故鄉，再度強盛。

後人用「枯骨復生」喻指「枯木逢春」。

右圖：他看見骨頭開始生筋長肉，包上一層皮……。

玖

在異族統治下

「巴比倫之囚」事變過後，以色列人國破家亡，淪落於異族的統治之下，相繼遭到巴比倫、波斯、希臘、羅馬帝國的奴役。本章的19幅圖畫便描繪了這個民族在巴比倫和波斯統治時期的故事。

這些令人難忘的故事塑造出一系列可歌可泣的猶太英雄：以斯帖和末底改──機智勇敢地戰勝波斯宰相哈曼，使自己的民族轉危為安；但以理和他的朋友們──在異國宮廷中與異教君主進行堅韌的鬥爭，出色地捍衛了猶太信仰；以斯拉和尼希米──帶領眾人回歸故國，修復城牆，宣讀律法，為民族復興做出卓越的貢獻。

此外，撒迦利亞的預言、約拿的奇遇、約伯的災禍和善終也為這時的猶太文苑增添迷人的色彩。

9-1 以斯帖被封王后

巴比倫帝國囂張一時，數十年後卻被波斯人摧毀。亞哈隨魯做波斯王時，在首都書珊的寶座上統治從印度到蘇丹的一百二十七個省。

亞哈隨魯在位第三年，舉辦了一個盛大宴會。

盛會第七天，他乘著酒興吩咐身邊七個太監，請美貌的王后華實蒂盛妝而出，讓眾人一瞻她的風采。

不料當太監向華實蒂傳達王命時，她卻拒絕執行。

這件事令王非常氣憤，怒火中燒。他接受大臣們建議，下達一道御旨：從今以後華實蒂再也不准見王。接著，他派人到各省挑選美女，把所有漂亮少女都帶到宮中，為她們梳妝打扮。他要從中選出最喜歡的一位，立作王后，取代華實蒂。

書珊城住著一個猶太人，名叫末底改。他有一個堂妹，名叫以斯帖，是個美麗的少女，有姣好的身材。她父母死後就跟末底改生活，由他撫養長大。

當亞哈隨魯下令選美時，許多漂亮女孩被帶到書珊城，以斯帖也被送到王宮裡。她按末底改吩咐，未把自己的猶太出身和親屬關係告訴別人。亞哈隨魯在位第七年的十月，以斯帖被送進王宮。她比其他女子都更得王的歡心和恩寵。於是亞哈隨魯把王后的冠冕戴在她頭上，立她為王后，取代華實蒂。

那時，末底改也在宮中供職。宮裡有兩個太監痛恨亞哈隨魯，想伺機謀殺他。末底改發現了他們的陰謀，告訴王后以斯帖，讓以斯帖轉告給國王。這件事經過調查，證明確鑿可靠，國王下令把那兩個太監吊死。事後，國王讓史官將這事記錄在史冊上。

本章開頭的三篇故事據《以斯帖記》改寫。它們通過猶太女子以斯帖和養父末底改，機智勇敢地戰勝波斯國王亞哈隨魯、宰相哈曼的曲折經歷，頌揚了古猶太愛國志士艱苦卓絕的鬥爭精神。其中的主要人物都有獨特的個性：以斯帖聰明勇敢，末底改堅毅老成，哈曼飛揚跋扈，亞哈隨魯乖僻昏庸；在人物性格的鮮明對比中，以斯帖形象得以突出顯現。

右圖：當太監向華實蒂傳達王命時，她卻拒絕執行。

9-2 | 與哈曼較量

亞哈隨魯王提拔哈曼當宰相，下令宮中的侍衛都向他跪拜，以示尊敬。但末底改卻拒絕執行。

哈曼聽說末底改不肯向他跪拜，非常惱怒。他得知末底改是猶太人，就抽籤定出計劃，把末底改和國內所有猶太人都除滅。

末底改聽說這件事，非常沈痛，連忙尋找應對之策。他把滅絕猶太人的通令交給以斯帖，讓她進宮向國王懇求，為自己的同胞請命。

以斯帖穿上王后的禮服，走進宮去，看見國王正坐在寶座上。國王發現以斯帖來了，心生愛憐，向她伸出金杖，問她：「王后以斯帖啊，你有什麼事嗎？你想求什麼，我都答應你，就是求王國的一半，我也賜給你。」

以斯帖請國王和哈曼當晚赴她特意準備的筵席。晚上他們一同進酒時，以斯帖又請他們次日再來赴宴。

哈曼途經王宮門口時，看見末底改又不跪拜，氣憤之極，讓人造一個五丈高的刑架，準備把末底改吊死。

就在那天晚上，亞哈隨魯王想起末底改揭發兩太監陰謀弒君之事，不知該怎樣獎賞他。這時哈曼來到王宮，想求王把末底改吊死在已準備好的刑架上。

亞哈隨魯王見了哈曼，問他：「朕想褒獎一個人，你以為該怎麼做呢？」

哈曼以為，那個人肯定就是他宰相，便說：「讓他穿上王袍，騎上戴冠的御馬，叫一個極尊貴的大臣引路，遊遍京城的所有街市！」

亞哈隨魯王說：「你說得好。明天你就在前面引路，讓末底改騎馬遊街！」

哈曼只得從命，為末底改牽馬遊街。

哈曼是《以斯帖記》中的惡魔形象。他狂傲自負，盛氣凌人，強令宮中侍衛向他跪拜，遭到末底改的抵制；嗣後他不僅私設刑架，意欲殘酷報復末底改，還心狠手辣地圖謀除滅所有猶太人，不分男女老幼。

哈曼又是作者盡情嘲弄的對象。他狠狽地為仇人末底改牽馬遊街，不得已伏在以斯帖的躺椅上哀求饒命，最後被吊死在他為末底改準備的刑架上，宰相職務被末底改取代，就連十個兒子也被猶太人反擊殺敵時處死。

「惡人終必遭惡報」，猶太教信奉的報應法則，又一次得到雄辯的印證。

右圖：哈曼……為末底改牽馬遊街。

310

311

9-3 | 以斯帖鬥敗哈曼

第二天，亞哈隨魯和哈曼再赴以斯帖宴會。飲酒時國王又問以斯帖：「你想要什麼？就是要王國的一半我也給你。」以斯帖回答：「我若蒙王的恩寵，請饒恕我的性命，也饒恕我同胞的性命，因為我和我的同胞都將被劊子手殺害！」

亞哈隨魯王問：「膽敢做這種事的人是誰？」

以斯帖回答：「就是這個惡人哈曼！」

哈曼頓時驚惶失措。國王憤怒地站起來，走到外面的花園。哈曼連忙向以斯帖祈求饒命。國王從花園回來，看見哈曼正伏在以斯帖的躺椅上求憐，不禁大發雷霆說：「你竟敢在王宮裡，當著我的面對王后非禮嗎？」

國王的話音剛落，就有太監出來，用布蒙住哈曼的臉。一個叫哈波拿的太監說：「哈曼在他家造了一個五丈高架，正要把那救你你的有功的末底改吊死呢！」

國王下令道：「把哈曼吊在上面！」於是，哈曼被吊死在他為末底改準備的刑架上。直到這時，國王的怒氣才止息。

當天，亞哈隨魯王就把哈曼的所有財產都賜給以斯帖。以斯帖告訴國王，末底改是她的親屬，國王又把從哈曼那裡追回的印章戒指交給末底改，封他當宰相。末底改用亞哈隨魯王的名義通令全國，讓各地猶太人在十二月十三日向敵人報仇反擊。

事後，末底改把每年十二月十四日和十五日定為轉悲為喜的「普珥節」。「普珥」的含義是「抽籤」，哈曼抽籤定下除滅猶太人的日子，猶太人反而在那天取得勝利。

以斯帖的故事文學色彩濃郁，結構對稱，極富戲劇性。比如，亞哈隨魯王本想褒獎末底改，哈曼卻誤以為要褒獎自己，結果為王獻計後，不得不給末底改牽馬遊街，自己落了個威風掃地。又如，哈曼做好了五丈刑架，正準求國王把末底改吊死，國王卻突然想起末底改立功未賞的往事，以致情節急轉直下，哈曼搬起石頭反而砸了自己的腳。

右圖：以斯帖回答：「就是這個惡人哈曼!」

9-4 但以理釋夢

巴比倫王尼布甲尼撒在位第二年，做了一個奇怪的夢，心煩意亂，不能入睡。

猶太人但以理向上帝禱告，從夜間的異象中得到奧秘的啟示。他被引薦到尼布甲尼撒面前，對王說：「上帝已經把這件事解明。現在，請聽我向你解說。

「你在夢中看見一座高大人像，它的頭是精金做的，胸膛和手臂是銀做的，腰和肚腹是銅做的，腿是鐵做的，腳是鐵泥混合物做的。你正在觀看時，有一塊未經開鑿的巨石從高山上滾下來擊中那像，把鐵泥混合的雙腳砸碎。於是那個人像立刻粉碎了，像是夏天禾場上的碎秸被風吹散。但那塊巨石卻越來越大，變成一座大山，覆蓋了全世界。」

但以理接著講解夢的含義。他說：

「王啊，你是所有君王中最偉大的王，所以，你就是那座像的金頭。在你之後將有另一個帝國出現，但不如你的國強大。後來又有第三個帝國，就是銅的帝國。再後有第四個帝國，像鐵一樣堅強。

「那鐵泥混合的腳指又一個分裂的帝國，它一部份強盛，一部份衰弱。帝國統治者想借通婚統一各民族，卻無法做到，就像鐵跟泥不能混合一樣。那塊從山上滾下的巨石是上帝要建立的永恆國度，它不會被別的國征服，而會毀滅所有的帝國，永遠長存。」

尼布甲尼撒王聽了這些解釋後，俯伏在地，向但以理下拜，不但賞賜他許多貴重禮物，又提升他做宮廷的首席顧問。

本章的第 4 至 8 篇故事是猶太智者但以理的系列傳說，原載於《但以理書》。但以理出身於猶太貴族，尼布甲尼撒摧毀耶路撒冷時被擄至巴比倫，在那裡獲選入宮侍奉國王。數十年後波斯取代巴比倫，他又在波斯朝廷中擔任要職。

其間他為維護猶太民族的宗教信仰而頑強鬥爭，並宣講一系列預言，隱晦地說明巴比倫等帝國的興衰和世界的最終結局。

本文中即以金、銀、銅、鐵、泥的人像，和砸碎那像的巨石，預言猶太民族終將無敵於天下。

右圖：但以理……從夜間的異象中得到奧秘的啟示。

9-5 三少年拒拜金像

巴比倫王尼布甲尼撒造了一個高二十七公尺、寬三公尺的金像，要求所有人一聽到樂器的聲響，就俯伏敬拜那座像；違命者立即投進燃燒著烈火的窯中。

不久，有人來見尼布甲尼撒，說猶太少年沙得拉、米煞、亞伯尼歌拒不敬拜金像 。尼布甲尼撒勃然大怒，下令把三少年帶來，說：「你們再聽到樂器聲時，要立即俯伏敬拜金像！若不拜我就把你們扔在燃燒著烈火的窯中！有什麼神能救你們脫離烈火呢？」

三少年回答：「我們侍奉的上帝必能把我們從窯中救出來。即或不然，王啊，告訴你我們也絕不侍奉你的神，不拜你所立的金像。」

尼布甲尼撒氣得怒火直冒，當時就向三少年變了臉，吩咐人把窯燒熱，比平常熱七倍；又命令幾個壯士把他們捆起來，扔在烈火熊熊的窯中。由於王命緊急，窯又極熱，那抬人的壯士都被烈火燒死。

三少年被捆綁著投進窯中。尼布甲尼撒向裡面觀看，驚奇地發現四個人，都未捆綁，也沒受傷，而在火焰中散步！那第四個人的相貌像是天使。於是尼布甲尼撒靠近烈火的窯門，說：「至高上帝的僕人沙得拉、米煞、亞伯尼歌啊，出來吧！請到這裡來。」三少年就從火中走出來，那些總督、欽差、巡撫和謀士們一擁而上，細細觀看這三個人，只見他們身體未被燒傷，頭髮未被燒焦，衣裳沒有變色，連火燎的氣味也沒有。

尼布甲尼撒下令，任何人都不得褻瀆三少年的上帝，因為再沒有別的神能行施這樣的拯救。接著又提拔三少年，使他們在巴比倫省居於高位。

「三少年拒拜金像」記載了猶太愛國者在異邦宮廷中堅持抵制偶像崇拜的故事。主人翁是猶太少年沙得拉、米煞、亞伯尼歌，他們本是但以理的同伴，耶路撒冷陷落後被迫去了巴比倫。由於拒絕跪拜尼布甲尼撒所立的金像，他們被處以死刑，捆綁著投入烈火熊熊的窯中。

然而奇妙的是，他們卻得到天使的保護，在火窯中安然無恙，毫髮未損。尼布甲尼撒驚奇之餘，為他們加封高位。作者在頌揚三少年的忠信行為之際，透過耶和華的神奇保護，說明猶太人的上帝是無所不能的宇宙惟一主宰。

右圖：都未捆綁，也沒受傷，而在火焰中散步！

9-6 但以理解釋牆上的字

　　一天晚上，巴比倫王伯沙撒舉行盛大宴會，席間下令把他父親尼布甲尼撒從耶路撒冷聖殿搶來的金杯銀碗搬出來，供他們使用。他們一面喝酒，一面頌讚那些用金、銀、銅、鐵、木、石製造的偶像。

　　忽然間，有一隻人手出現，用手指頭在王宮粉牆上燈光最亮的地方寫字。國王見狀嚇得臉色蒼白，雙膝發抖，急令巫師、術士和占星家進宮，讓他們解釋那些字的含義。但是，沒有一個人能明白。伯沙撒王非常失望，臉色更加蒼白。

　　這時太后走進宴會大廳，對王說：「你國中有一個人，至高上帝的靈跟他同在，他的名字叫但以理。他能為你解釋這些字的意思。」

　　但以理立即被帶到國王面前。他解釋道：「伯沙撒王啊，你不懂得謙卑，反而驕傲，與天上的主作對。

　　「你把從他聖殿裡搶來的杯碗搬出來，供你自己和官員、妻妾、妃嬪們使用；還公開頌讚那些用金、銀、銅、鐵、木、石製造的神明，它們本是不能看、不能聽、什麼都不懂的偶像。

　　「這些字寫的是『數算數算，稱一稱，分裂』。『數算』的意思是，上帝已經數算出你國度的年日，使你的國運終止。『稱一稱』的意思是，你被放在上帝的稱上衡量，稱出你的分量太輕。『分裂』的意思是，你的國家將要分裂，歸給瑪代人和波斯人。」

　　伯沙撒聽後，命令侍從給但以理穿上王的紫袍，帶上榮耀的金項鏈，宣布他在國中居第三高位。

　　當晚，巴比倫王伯沙撒就被暗殺，政權被瑪代人大利烏奪取。

　　公元前6世紀下半葉，巴比倫末代國王伯沙撒的政權被瑪代人大利烏奪取。這件事是如何發生的？「但以理解釋牆上的字」做了生動具體的說明。按這裡的說法，伯沙撒王狂妄地使用從猶太聖殿搶來的器皿，並頌讚各種偶像，而觸怒了至高的上帝，以致他伸出一隻手，寫出常人認不出的字，宣告伯沙撒的國家必定分裂，歸於瑪代人和波斯人。

　　由此，後人引用「牆上的字」比喻「不祥之兆」、「死亡前的朕兆」。

　　右圖：忽然間，有一隻人手出現，用手指頭在王宮的粉牆上寫字。

9-7 | 但以理在獅子坑

波斯王大利烏頒布一道禁令：不論什麼人，三十天之內不得向任何神明禱告，只能向國王祈求；若違犯了禁令，就要被扔進獅子坑。

但以理的閣樓上有個房間，窗戶面向耶路撒冷。他早已形成習慣，每天都在窗前跪下，三次向上帝感恩禱告。

但以理的敵人發現他繼續向上帝禱告，就到大利烏王那裡控告他，說他不服從禁令，依然一天三次向他的上帝禱告。

根據瑪代和波斯的法律，國王發了禁令就不能更改。於是，國王下令把但以理抓起來，扔進獅子坑，然後把坑口用一塊石頭堵住，再用玉璽和大臣們的印加封，使任何人都不能把但以理救出來。

國王回到王宮，整夜睡不著，不吃不喝，也不從事娛樂活動。天一亮他就起來，急忙趕到獅子坑，站在坑邊焦急地喊叫：「但以理，永生上帝的僕人哪！你忠心侍奉的上帝是否救你脫離了獅子的口？」

但以理回答：「願王萬歲！上帝派天使封住獅子的口，使它們不能傷害我。因為他知道我無辜，沒有做過冒犯國王的事。」

大利烏王非常高興，命令侍從把但以理救出來。他們把但以理拉出獅子坑，發現他身上一點傷也沒有。

國王下令捉拿那些控告但以理的人，把他們連同妻子兒女都扔進去。人們看到，他們還沒落到坑底，就被猛撲過來的獅子咬得粉碎。

後來，大利烏王通令世界各國各族各種語言的人，不論是誰，只要進入大利烏統治的國家，就必須尊崇但以理的上帝。

這篇短文從又一個角度頌揚了在異教國家為捍衛本民族信仰而鬥爭的猶太愛國志士。大利烏規定只能向國王祈求，不得向任何神明禱告；但以理反其道而行之，一天三次朝著耶路撒冷向猶太人的上帝感恩禱告。

隨後的情節用極度誇張和對比手法寫成：但以理被扔進獅坑，在坑裡整整一夜未受傷害；那些控告他的壞人「還沒落到坑底，就被猛撲過來的獅子咬得粉碎」。

據考證，古代亞述人曾以獅子坑來處死戰俘或罪犯，可能是本文相關情節的素材來源。

右圖：「上帝派天使封住獅子的口，使它們不能傷害我。」

9-8 | 四獸異象

巴比倫王伯沙撒元年，一天晚上，但以理做了一個夢，在夢中看見一個異象。

但以理看到風從四面八方吹來，吹在大海的海面上。四頭形狀不同的巨獸從海裡鑽出來，第一頭像獅子，但是有老鷹的翅膀。第二頭像熊，用兩隻後腿站立，牙齒咬著三根肋骨。第三頭像豹，背上有四個翅膀，還有四個頭，樣子十分威武。

第四頭巨獸強壯可怕，令人恐怖。它用大鐵牙咬碎獵物，然後用腳踐踏。與前面的三頭巨獸不同，它長著十個角。但以理正在觀察那些角，發現其間又長出一個小角，把先前十角中的三個拔掉。那小角長著人的眼睛，還長著一張信口雌黃的嘴。

但以理正在觀看時，發現萬古永存者坐在一個寶座上。他的衣服像雪一樣潔白，頭髮像羊毛一樣純淨。他的寶座是火焰，輪子是烈火。他面前有火流淌，如同一道火河。他周圍侍立著千千萬萬、不計其數的天使。他宣布開始審判，打開了案卷。

接著，但以理又看到一位像人子的，駕著天雲而來，被引到那萬古永存者面前。他領受了權威、榮耀和國度，使各方、各國、各族的人都侍奉他。他的統治將永世長存，他的主權永無窮盡。

但以理不知異象的含義，就走到一個侍從面前，請他解釋所有這一切。侍從說：「這四頭巨獸指將要在世上興起的四個帝國。但是，至高上帝的聖民將要接受王權，擁有王權，直到永永遠遠。」

「四獸異象」是屬於啟示文學。在紀元前後的數百年間，猶太文壇上風靡啟示文學，其中常有一個縱貫始終的線索性人物，他看到寓意不明的異象，異象多以離奇古怪的畫面表達既定思想，如藉一隻怪獸吞滅另一隻怪獸，示意一個國王推翻另一個國王；其含義則由某個解釋者予以澄清或闡明。

在「四獸異象」中，「四頭巨獸」指猶太人被擄後相繼稱霸的四個大帝國，「萬古長存者」指上帝，「像人子的」指救主彌賽亞，「一個侍從」指天使。作者用寓意晦澀的畫面暗示真實歷史事件，藉以表達末日審判觀念和對彌賽亞的盼望，預言猶太人必能克服一切困難，最終成為世界的主人。

右圖：四頭形狀不同的巨獸從海裡鑽出來……

9-9 │ 四車異象

波斯王大利烏在位第二年的十一月，先知撒迦利亞多次從異象中得到耶和華的訊息。

有一次，撒迦利亞看見一個書卷飛過天空，它長九公尺，寬四公尺半。

天使對他說：「那書卷上寫著送往世界各處的咒詛，一面寫著：所有盜賊都要被除去；另一面寫著：所有發假誓的人都要除滅。萬軍的統帥耶和華說，他要使這咒詛進入每個盜賊的家和發假誓者的家，使他們全都喪命。」

不久天使又出現了，對撒迦利亞說：「看哪，另有東西過來了。」

撒迦利亞問：「什麼東西？」

天使說：「一個籃子。它代表著普天下的罪惡。」那籃子有一個鉛做的蓋子，蓋子打開後，撒迦利亞看到，裡面坐著一個女人！

天使說：「這女人象徵邪惡。」然後，他把那女人推進籃子，蓋上蓋子。這時撒迦利亞看見天上有兩個長著翅膀的女人飛來，挾起那個籃子，飛走了。

撒迦利亞問天使：「她們要把籃子帶到哪裡去？」天使回答：「巴比倫。她們要在那裡建造一座殿宇，把籃子放進去，供人膜拜。」

撒迦利亞又看見另一個異象。這次，他看見四輛馬車從兩座銅山間出來，拉第一輛車的是紅馬，第二輛車是黑馬，第三輛是白馬，第四輛車是斑紋馬。他問天使：「這些馬車有什麼含義？」

天使回答：「這是從普天下之主面前來的四風，正要到世界各處去巡查。看哪，那些往北方巴比倫去的馬匹，已經平息了耶和華的怒氣。」

本篇的一組異象傳由小先知撒迦利亞宣講。撒迦利亞是重建聖殿時期的先知，當時波斯人戰勝了巴比倫，國王降詔允許囚居於異鄉的猶太人回歸故土，先知們重建聖殿的夢想即將實現。於是撒迦利亞和另一位先知哈該一道，登高疾呼，激勵眾人踴躍投入建殿之工。

撒迦利亞宣講了一系列異象，其中「書卷的異象」由兩部份組成：首先，先知看到含義不明的書卷；繼之天使揭開其中之謎：耶和華用它咒詛盜賊和發假誓者。

「邪惡女人的異象」宣稱罪惡將被帶往其發源的地方巴比倫。「四車異象」寫耶和華的馬車四處巡查，平定了天下，示意重建聖殿的時機已經到來。

右圖：他看見四輛馬車從兩座銅山間出來……

9-10 古列降詔

波斯王古列登基第一年，耶和華為了實現他藉著先知耶利米所說的預言，激動古列降下一道詔書，傳送到帝國的每個角落。詔書內容如下：「波斯王古列發佈命令：天上的上帝耶和華使我成為全世界的統治者，他讓我在猶大的耶路撒冷為他建造一座殿宇。

「願上帝與你們這些屬於他的子民同在。你們要回到猶大的耶路撒冷去，重建耶和華上帝的聖殿。

「凡留下的人，無論寄居在何處，當地人都要用金銀、財物、牲畜幫助他們。當地人還要自願為耶路撒冷聖殿獻上禮物。」

就這樣，猶大和便雅憫的族長、祭司、利未人，以及每個內心被上帝感動的人都準備好行裝，返回耶路撒冷，去重建耶和華上帝的聖殿。所有鄰居都願意幫助他們，拿出金銀器皿、財物、牲畜，以及其他值錢的東西送給他們。有人還讓他們帶去自願奉獻給聖殿的禮物。

古列王又把耶和華聖殿的器皿拿出來。它們本來是由尼布甲尼撒王從耶路撒冷掠奪而來，放置在自己的神廟中。

古列王派皇家財政大臣米提利達把那些器皿拿出來，如數交給猶大省長設巴薩，其中包括獻祭用的金盤三十個，銀盤一千個，刀具二十九個，小金碗三十個，小銀碗四百一十個，其他器皿一千件。金銀器皿和其他器具共計五千四百件，都由設巴薩率眾從巴比倫返鄉時帶回耶路撒冷。

「巴比倫之囚」事件過後數十年，巴比倫帝國趨於衰落，波斯帝國繼之興起。波斯帝國的開國之父是古列，他在波斯高原南部率眾反抗米底亞人的統治，公元前550年取得勝利，繼而進軍兩河流域和小亞細亞，於公元前539年圍困巴比倫城。同年10月城內將士不戰而降，巴比倫王國遂告滅亡。

古列對被征服者和各族宗教信仰，普遍採取溫和態度，對以色列人及猶太教尤其如此。征服巴比倫後第二年，他就降詔通告全國，釋放所有囚居於巴比倫的猶太人回歸巴勒斯坦。本文即立足於猶太教立場，對古列降詔時的有關情況做了報導。插圖描寫古列王正在把聖殿的器皿還給猶太人。

有歷史學者認為，古列的懷柔政策是為其長遠戰略服務的，他的真實意圖，其實是要在巴勒斯坦，安設一個為日後遠征埃及服務的前沿據點。

右圖：古列王……把那些器皿拿出來，如數交給猶大省長設巴薩。

9-11 │ 亞達薛西降詔

波斯王亞達薛西年間，以斯拉從巴比倫回到耶路撒冷。以斯拉是個飽學之士，精通上帝耶和華賜給摩西的律法書。耶和華上帝福佑他，他提出的每件要求都能被亞達薛西王允准。

亞達薛西王在位第七年，以斯拉帶領一批以色列人從巴比倫動身返回耶路撒冷。他們於正月初一日離開巴比倫，由於得到上帝的幫助，五月初一日就到達耶路撒冷。

以斯拉是祭司和經學家，精通耶和華賜給以色列的誡命和律法書。他畢生專心研究上帝的律法，矢志不移地用律法教導以色列民眾。以斯拉從巴比倫動身之前，亞達薛西王把一部詔書頒布給他：「王中之王亞達薛西現賜諭旨給精通上帝律法的祭司以斯拉。

「我命令，帝國境內的以色列人、祭司、利未人，凡願意者都能跟你一同回耶路撒冷。我和七個謀士派你去調查耶路撒冷和猶大的情況，看眾人是否執行了交托給你的律法書。

「以斯拉，你要用上帝賜予的智慧治理河西省的人民，把律法講解給那些不明白的人。如果有人不服從律法或國王的詔命，就嚴厲處罰他們，或處死，或放逐，或沒收財產，或監禁。」

以斯拉得到詔書後，由衷地讚美上帝道：「願我們列祖的上帝耶和華受到稱頌，因為他讓波斯王自願修葺耶路撒冷的聖殿。耶和華使我得到國王、謀士和官員們的贊助，使我有能力說服以色列的宗族領袖，同意跟隨我一起回歸故土。」

波斯歷史上有兩個亞達薛西王──亞達薛西一世（公元前465年至前425年）和亞達薛西二世（公元前404年至前358年），本文所指可能是後者。

據《舊約》記載，他在位第六年向猶太祭司和經學家以斯拉頒布了一道詔令，派他去耶路撒冷督促眾人遵行摩西的律法書，並帶去波斯官員自願奉獻給聖殿的金銀祭品。

文章中流溢著猶太人的民族自豪感，示意著回歸耶路撒冷、去聖殿奉拜耶和華上帝，乃是人心所向，眾望所歸。插圖描寫了亞達薛西降詔時的盛大場面。

右圖：「帝國境內的以色列人……都能回耶路撒冷。」

9-12 | 以斯拉獻祭祈禱

正月十二日，以斯拉帶領眾人離開亞哈瓦河，返回耶路撒冷。旅途中，上帝與他們同在，保護他們不受敵人的攻擊。

回到耶路撒冷後，他們休息了三天，第四天就到聖殿去，把金銀器皿交給祭司米利末。所有回歸者都帶來了祭物，作燔祭獻給上帝。他們把亞達薛西王的詔書交給河西省的省長和官員，省長對聖殿的敬拜之事表示全力支援。

不久以斯拉聽說，一些以色列人和毗鄰的迦南人、赫人、比利洗人、耶布斯人、亞捫人、摩押人、亞摩利人混居，模仿他們的宗教習俗行可惡事，還與他們通婚；一批首領和長官甚至帶頭做。

以斯拉聞言後悲憤地撕裂衣服，拔掉頭髮和鬍鬚，憂傷痛苦地坐下來。獻晚祭的時候到了，以斯拉身著撕裂了的衣服，悲傷地跪在地上，伸出雙手向上帝耶和華禱告。他說：「上帝啊，我真慚愧，不敢在你面前抬起頭來。從列祖時代到如今，我們一直罪孽深重，以致被屠殺、掠奪、放逐，受盡侮辱。

「上帝啊，你施恩給我們，使我們能重見光明，脫離束縛；使波斯王能善待我們，准許我們回歸故鄉，重建被毀壞的聖殿。

「可是，上帝啊，現在竟發生了這種事：我們的百姓追隨當地居民的醜惡行為，還與他們彼此通婚!

「以色列的上帝耶和華啊，我們知道，依照你公義的性情，你會大發烈怒，滅絕我們，使我們不留一人。但是你卻憐恤我們，讓這群本該亡命的人仍能存活。現在，我們要向你承認過錯，恭恭敬敬地伏在你面前。」

以斯拉是猶太宗教史上的著名人物之一。他出生於祭司家族，是亞倫的後裔，於波斯王亞達薛西年間從巴比倫返回耶路撒冷，向眾人宣講摩西的律法書，並積極推行各項宗教改革。他要求祭司將各種金銀器皿從眾人手中收歸聖殿，並調查與異族通婚的情況，將通婚者登記造冊，限令他們定期離棄外邦妻子。

本文記載了以斯拉率眾回到耶路撒冷後的所作所為，中心情節是他於晚間身著撕裂的衣服，向耶和華上帝懇切禱告。他回顧了子民犯罪和上帝拯救的歷史，痛心地表示必定消除百姓與異族通婚的罪過。

右圖：以斯拉身著撕裂了的衣服，悲傷地跪在地上……。

9-13 以斯拉宣讀律法書

到了七月，以色列人在各自的城鎮都安頓下來。那月的第一天，他們聚集到耶路撒冷水門內的廣場上。

以斯拉把耶和華藉摩西賜給以色列人的律法書帶到眾人面前。那裡有男有女，有耆耋老人，也有剛明事理的孩童。

以斯拉在水門內的廣場上向他們宣讀律法書，從清晨一直讀到中午。他們個個都洗耳恭聽。

以斯拉站在高高的講臺上，眾人目不轉睛地看著他。他打開書，眾人隨即站起身來。他說：「要讚美耶和華，因為他是偉大的主！」

民眾都舉起手來，齊聲答道：「阿們！阿們！」然後跪下，臉伏在地上敬拜。

民眾站起身後，一些利未人用口語向他們解釋律法條文，使他們能明白其中的含義。

眾人聽到律法規定的內容，都感動得痛哭流涕。省長尼希米、祭司兼律法師以斯拉見狀，對眾人說：「今天是耶和華上帝的聖日，你們不要悲傷哭泣。」

他們還說：「大家回家去預備筵席吧！把你們的食物和酒分給貧乏的人。今天是主的聖日，你們不要難過了。上帝將賜給你們力量，賜給你們快樂！」

利未人在眾人中間安撫他們，叫他們安靜，不要悲傷，因為這一天是神聖的。於是民眾各自回家去，快樂地吃喝，並讓別人分享自己的物品，因為他們聽懂了以斯拉講解的律法書。

按照猶太傳說，以斯拉與《希伯來聖經》的編纂關係密切。他領命傳授聖書，以五個聰敏的學士為記錄員，在四十晝夜中記下由他口授的九十四卷書，公佈其中的二十四卷，即希伯來經典「二十四書」，該書日後被基督教稱為《舊約》。

另據記載，以斯拉是波斯王亞達薛西年間率眾返鄉的領袖，抵達耶路撒冷後辦了一件至關重要的大事——向眾人宣讀「耶和華藉摩西賜給以色列人的律法書」。

由此，後世的猶太經學家篤信以斯拉是編出《舊約》的「封卷先知」，也是以色列歷史上最後一位先知；凡他以後寫成的著作，便不再出於神諭。紀元前後的一系列重要著述都被歸於他的名下，如《以斯拉－尼希米記》、《以斯拉三書》、《以斯拉四書》等。

右圖：他打開書，眾人隨即站起身來。

9-14 尼希米重建城牆

尼希米是猶大人哈迦利亞的兒子。波斯王亞達薛西在位第二十年，他住在波斯的京城書珊，擔任亞達薛西王的司酒長。

尼希米聽說耶路撒冷的城牆破敝不堪，被燒毀的城門一直沒有修復，難過得流下眼淚。他請求亞達薛西王允許他回故鄉去，重新修建耶路撒冷城。

國王答應了，還給他一份詔書，讓管理皇家森林的亞薩協助提供木材，用於修建聖殿、城牆和民居。

尼希米回到耶路撒冷，夜間帶著幾個同伴出城巡視。他們穿過西邊的谷門，往南經過龍泉，到達垃圾門。尼希米一面走，一面查看破損的城牆和被火燒毀的城門。 接著，他們轉身向北，來到泉門和王池。那裡有一片亂石堆，尼希米騎的驢子找不到路，他們只得下到汲淪溪，沿著溪谷行走，然後轉回原路，經過谷門回到城裡。

尼希米動員所有祭司、首領、長官和平民百姓都參與重建耶路撒冷城。祭司、利未人，以及每個猶太家族都分擔了工作，各修一段城牆。撒瑪利亞人參巴拉、亞捫人多比雅和阿拉伯、亞實突的居民，聽說重建城牆工作進行得很快，城牆的裂縫都修補好了，非常氣憤。他們合謀攻擊耶路撒冷，製造混亂。 尼希米把民眾武裝起來，一半人工作，另一半人身穿盔甲，手持刀槍，打擊敵人的破壞。

他們白天工作，晚上看守城牆，不論尼希米還是他同伴、僕人或衛兵，沒有一人脫衣睡覺，通夜都把武器握在手中。

經過五十二天的緊張工作，修復城牆的工程終於勝利竣工。

波斯時期猶太人復興故國的重要行動之一，是尼希米重建耶路撒冷城牆。此前他在亞達薛西王的宮廷中任司酒長，為國王試酒並護衛其內寢，深得信任和器重。他聽說故都荒蕪，耶路撒冷頹敗殘破，便求王允准自己返回故鄉。

返鄉後他動員民眾修復破敝的城牆，得到猶太人響應，卻遭到四鄰民族的嫉恨和破壞。他將眾人分成兩隊，一隊做工築牆，另一隊持槍自衛，終於完成了築城規劃。插圖描繪了尼希米夜間巡視的情景。

右圖：尼希米……夜間帶著幾個同伴出城巡視。

9-15 重建聖殿

以色列人返回耶路撒冷第二年的二月，開始在耶和華聖殿的原址上動工重建聖殿。所羅巴伯、耶書亞、祭司和利未人，事實上所有從巴比倫返回的人都參加了工作。所有二十歲以上的利未人都被派去監督重建聖殿的工程。

當眾人為聖殿奠基時，祭司都身穿禮服，手持號角，利未人亞薩的子孫則手拿鐃鈸。他們按照從大衛王時代沿襲下來規矩讚美耶和華，此呼彼應地唱道：「耶和華至善，他永遠愛以色列！」

在場的人無不大聲歡呼，因為重建聖殿的工程已經開始。一些老年祭司曾親眼目睹所羅門聖殿，現在參加新聖殿的奠基禮，禁不住失聲痛哭。猶大人的仇敵，聽說流亡回歸者要重建聖殿，就想方設法地阻撓他們，並賄賂波斯官員阻止他們。這夥人蓄意破壞搗亂，致使建殿工程被迫停止。

波斯王大利烏統治的第二年，先知哈該和撒迦利亞向猶大和耶路撒冷的猶大人傳講耶和華的訊息。所羅巴伯和耶書亞聽到他們的訊息，遂在耶路撒冷帶領眾人恢復建殿之工。

波斯河西省長達乃等人又來阻撓，並上奏大利烏，請他查證古列王是否曾同意重建聖殿。

大利烏令人查閱了宮廷檔案，發現古列王確曾降詔重建耶路撒冷聖殿。大利烏指示達乃等人，不得干涉建殿工程；還要從國庫中撥出經費，幫助猶太人重建聖殿。此後，建殿工作得以順利進行。

大利烏王第六年的亞達月初三日，耶路撒冷聖殿的重建工作勝利完成，眾人歡歡喜喜地舉行了奉獻聖殿的隆重典禮。

古列王降詔允許猶太人回鄉的第二年，所羅巴伯、耶書亞便帶領眾人舉行了重建聖殿的奠基禮。但建殿計劃的實施遇到意外阻力，工程剛剛破土就被迫中斷，一連十六年停滯不前。

波斯王大利烏在位第二年，先知哈該和撒迦利亞登高疾呼，勸勉所羅巴伯、耶書亞帶領百姓完成建殿之工。他們的呼籲得到回應，建殿工程得以進行，四年後圓滿竣工。

這幅圖畫展示了眾人重建聖殿時的勞動場面。

右圖：所有從巴比倫返回的人都參加了這項工作。

9-16 約伯的災禍

有個人名叫約伯，住在烏斯地區。他行為端正，敬畏上帝，不做任何壞事。他有七個兒子，三個女兒。他的家產有七千隻羊，三千隻駱駝，一千頭牛，五百條驢，此外還有成群的僕人。在東方人中他最富裕。

有一天，天上的神子們侍立在耶和華面前。耶和華對撒旦說：「你注意到我的僕人約伯沒有？他是世界上最好的人，敬畏我，不做任何壞事。」

撒旦說：「你讓他事事順利，他對你能不恭敬嗎？如果你把他的一切都奪走，他不咒罵你才怪呢!」

於是耶和華允許撒旦去考驗約伯。

一連串災難在約伯家中接連降下：示巴人搶走了牲畜，殺死了僕人；雷電擊殺了牧人；迦勒底人搶走了駱駝；風暴刮倒屋子，把約伯的兒女們都砸死。

約伯聽到這些消息，站起身來悲痛地撕裂衣服，剃掉頭髮，伏在地上下拜說：「我赤身出世，還要赤身回去；耶和華能賞賜也能收回。耶和華的名字是應當稱頌的。」雖然發生這些災禍，約伯卻沒有犯罪，因為他沒有埋怨上帝。耶和華在天上再次誇獎約伯。

撒旦說：「你雖然毀了約伯的身外之物，卻沒有傷害他的身體。如果傷害他的身體，他不咒罵你才怪呢!」於是，耶和華同意撒旦再次考驗約伯。

這次，撒旦無情地擊打約伯，使他從頭到腳都長滿毒瘡。約伯的妻子問他：「你還持守著對上帝的忠誠嗎？為什麼不咒罵上帝，然後死掉呢？」

約伯回答：「你這個女人，休得胡言！上帝賜福時我們高高興興，他降了禍，我們就能埋怨嗎？」約伯雖然遭受了皮肉之苦，仍不開口埋怨上帝。

本文著力描寫了義人約伯的公義、虔誠，及其異乎尋常的吃苦忍耐精神。他無端遭遇殘酷的考驗，喪失全部家產和所有兒女，自己也周身長瘡，苦不堪言。但面對突如其來的災禍，他始終持守對上帝的忠誠，不開口埋怨上帝。

約伯的故事，意在探討義人受苦的根源。這篇「約伯的災禍」透露出如下的訊息：義人的受苦和上帝的正義並不矛盾，因為有時上帝會以苦難考驗和磨練義人的虔誠之心。

右圖：約伯悲痛地撕裂衣服，剃掉頭髮，伏在地上下拜……。

9-17 | 約伯的善終

約伯有三個朋友：提幔人以利法、書亞人比勒達和拿瑪人瑣法。他們聽說約伯遭受了種種災禍，就一同前去探望他，安慰他。

他們遠遠看見約伯，卻認不出他。等認清楚後，都忍不住失聲痛哭，悲傷地撕裂衣服，又向空中和自己頭上拋撒灰塵。然後，他們跟約伯一同坐在地上，七天七夜一言不發，因為他們看到，約伯的痛苦實在太深重了。

此後，約伯開口咒詛自己的生日，唏噓哀嘆著，呻吟不止。

三個朋友為了減輕約伯的痛苦，輪番開導他，以洋洋灑灑的言論啟發他：上帝是偉大的，他施行的賞善罰惡無疑是公正的；你既然遭到懲罰，肯定是犯了罪孽；要想求得赦免，就趕快向上帝悔罪吧。

約伯無法接受這種責難。他據理力爭，為自己的清白一再辯解。他們的論辯持續了三輪，其間約伯始終不作讓步，還由己推人，聯繫世上的種種弊端提出一系列疑問，試圖弄清義人受苦的原因。

後來，一位名叫以利戶的青年也加入辯論，以更激切的言辭對約伯予以指責。但約伯對他未予理睬。

最後，耶和華從旋風中向約伯講話，示意上帝的意志是人類永遠無法把握的，所以，任何尋找受苦原因的企圖都是徒勞的。

約伯承認自己無知妄言，並表示懺悔。於是他再蒙神恩，獲得比起初更多的財富：一萬四千隻羊，六千頭駱駝，一千對牛，一千條母驢。

他又生了七個兒子，三個女兒；又活了一百四十年，得見子孫四代，直至年紀老邁，壽終而死。

約伯的故事僅就開頭和結局而言，似乎沒有擺脫「善有善報」的窠臼：公義的約伯雖然一度受苦，最終仍得到加倍的報償。

然而統觀全書，我們可以看到，作者對「義人何以受苦」這個超越時代和地域的哲學命題，做了多種嘗試性的答覆。除了前述「上帝有時會以苦難來考驗和磨練義人的虔心」之外，三友人和以利戶的立論基點是傳統的「神義論」，從根本上否定義人會受苦。

耶和華從旋風中的回答，透露出一種「不可知論」：如此深奧的問題，人類根本不必探究，也無法理解；約伯則對天經地義的「神義論」提出質疑，從而顯示為一個不肯隨波逐流的古代精神探索者形象。

右圖：約伯……據理力爭，為自己的清白一再辯解。

9-18 | 約拿的奇遇

有一天，耶和華讓亞米太的兒子約拿去亞述的首都尼尼微傳道。約拿卻背道而馳，想躲避耶和華。

他來到約帕港，找到一條開往他施的船，想跟船員們一起到他施去。

耶和華使海上刮起大風，讓狂風巨浪襲擊那條船，幾乎把船打翻。船員們驚慌失措，想抽籤查出是誰犯了罪，招來這場災禍，結果抽中約拿。

他們問約拿：「告訴我們，這災禍是不是你引起的？你是幹什麼的？從哪裡來？是哪國人？」

約拿回答：「我是希伯來人。我敬拜耶和華，他是天上的上帝，是海洋和大地的創造主。」約拿告訴他們，他正在逃避這位耶和華。

船員們大吃一驚，接著問他：「我們怎樣處置你，才能使風浪平靜下來呢？」

約拿回答：「把我抬起來，拋進海裡，風浪就會靜止，因為是我的罪過引起這場風浪。」

船員們拼命搖槳，想把船划到岸邊去。可是風暴越來越大，他們無法前進。

於是，他們呼求耶和華道：「耶和華啊，求你不要因為把這人拋進海裡而懲罰我們。耶和華啊，這一切都是按你的意願做。」說著把約拿抬起來拋進大海。

風浪立刻平靜下來。船員們都因這件事而敬畏耶和華，向他獻祭，許願一定要奉拜他。

耶和華讓一條大魚把約拿吞下去，讓他在魚腹中度過三天三夜。在此期間，約拿不斷向耶和華禱告，唱詩讚美他。

三天後，耶和華令那條大魚把約拿吐在沙灘上。

小先知約拿是個狹隘的猶太民族主義者。在國際事務中，他一味地顧念本民族利益，對犯過罪行的亞述人懷有極深的敵意。他只想看到上帝懲罰亞述人，將他們置之於死地，而不希望上帝憐憫、饒恕他們。作者溫和地諷刺了約拿的愚頑與淺薄，在故事結尾處暗示他最終被耶和華上帝所折服。

這篇故事中充滿超現實的描寫，典型一例是大魚把約拿吞進腹中，三天三夜後又吐到岸上。

此外，為說明尼尼微城之大，聲稱「需要三天時間才能走到頭」；提到尼尼微人的認罪悔改，說國王發佈通告，就連「牛羊、牲畜都不准吃喝」。

若把約拿的故事視為一篇具有浪漫色彩的寓言，這類描寫是其中不可或缺的誇張要素。

右圖：……那條大魚把約拿吐在沙灘上。

9-19 | 約拿傳道

耶和華又一次對約拿說：「你到尼尼微大城去，向居民們宣佈我吩咐你說的話。」

約拿遵命來到尼尼微城。那是一座大城，需要三天時間才能走到頭。約拿進城後走了一天，宣佈：「再過四十天，尼尼微城就要被毀滅！」

尼尼微城的居民相信了上帝的話，人人禁食，無論老少都披上麻布，以示痛悔。

尼尼微王也離開寶座，脫下王袍，披上麻布，坐在灰中。他發佈通告：所有的牛羊、牲畜都不准吃草，每個人都必須向上帝懇切祈禱，停止一切邪惡行為，再不能做強暴的事。

他說：「我們如果這樣做了，上帝也許會改變心意，不再發怒；我們也就不至於滅亡。」

耶和華上帝看到尼尼微城眾人已放棄邪惡行為，改變了心意，就不再把原先宣佈的災難降給他們。

約拿因這件事很不高興。他說：「耶和華啊，我知道你是仁慈憐憫的上帝，隨時會回心轉意，不再懲罰壞人。所以，我才想方設法逃到他施去。現在我死了比活著還痛快！」

耶和華回答：「你怎麼能這樣生氣呢？」

約拿在城的東邊坐下，想看看尼尼微城會發生什麼事。

耶和華讓約拿身邊長出一棵高大的蓖麻，為他遮擋陽光；第二天，又讓一條蟲子把蓖麻咬死。

太陽出來後，約拿被曬得頭昏眼花，向上帝再次求死，說：「我死了比活著還好！」

在約拿的故事中，耶和華上帝是個普愛眾生的仁慈天父。他不僅鍾愛自己的子民以色列人，也愛以色列的敵人。他讓約拿去以色列的敵國亞述傳道，以拯救尼尼微城的十二萬百姓；當約拿拒不從命時，他興起海浪，讓大魚將約拿吞下，以匡正他的謬誤之見；當約拿滿腹牢騷、口吐怨言時，他又以蓖麻的榮枯作比喻，喚醒約拿同情、憐憫、體惜他人的良知。透過這樣一個上帝，故事表達了博大的主題：宣揚普世博愛，倡導民族團結。

右圖：約拿……宣佈：「再過四十天，尼尼微城就要被毀滅！」
後圖：局部

上帝問他：「你為了一棵蓖麻，就生這麼大的氣嗎？」

約拿回答：「我為什麼不能生這麼大的氣，我都快要氣死了！」

耶和華說：「這棵蓖麻一夜之間長大，第二天就枯死了，你並沒有栽種管理它，還為它的死而憐惜。那麼，尼尼微這座大城裡有十二萬無辜的人，還有許多牲畜，我難道不更應該憐惜嗎？」

一九九四年八月攝於美國三藩市

關於編譯者

梁工，男，一九五二年生於開封市，河南大學文學院教授，聖經文學研究所所長，美國聖保羅路德神學院、芝加哥路德神學院訪問學者。在商務印書館、三聯書店等社出版《鳳凰的再生》、《耶穌的一生》、《基督教文學》、《聖經與歐美作家作品》等著譯十餘部，發表論文五十餘篇。所著《鳳凰的再生》榮獲第五屆全國優秀外國文學圖書獎。

圖說物語 **3**
何恭上主編

神曲

‧‧‧
梁杜但
工雷丁
編繪原
譯圖著

神曲　地獄篇　合
　　　煉獄篇　訂
　　　天堂篇　本

編譯 梁工
河南大學聖經文學
研究所所長

藝術圖書公司

【神曲】《地獄‧煉獄‧天堂合訂本》

　　人類怎樣在理性的指引下洞悉罪惡、洗心革面，進而在信仰的光照中求得新生，達於至善和至聖的境界？但丁的《神曲》以宏闊的藝術畫卷做出精妙的回答。全書包括「地獄篇」、「煉獄篇」、「天堂篇」三部曲。

　　但丁與莎士比亞、歌德齊名，是世界頂級的偉大詩人。他的《神曲》借助主人翁遊歷地獄、煉獄和天堂的傳奇故事，深刻地表明犯罪的人類經過受罰和懺悔，終能實現靈魂的昇華。插圖由極負盛名的法國畫家杜雷繪製，構思獨特，筆法細膩，流溢出汪洋恣肆的藝術才華，極其傳神地展示出《神曲》的宏大場景和高妙意境。據原著改寫的神曲故事簡潔流暢、明快易懂，卷首的導言分析透闢、深入淺出，可佐助當代華文讀者於欣賞玩味之中，盡情享受但丁名著和杜雷名畫這兩道文化人餐。

圖説物語 4

圖說 舊約物語

主　　編：何恭上
編　　譯：梁　工
插　　圖：古斯塔夫・杜雷

執行編輯：龐靜平

法律顧問：北辰著作權事務所　蕭雄淋律師

發 行 人：何恭上

發 行 所：藝術圖書公司

地　　址：台北市羅斯福路 3 段 283 巷 18 號

電　　話：(02) 2362 0578 · 2362 9769

傳　　真：(02) 2362 3594

郵　　撥：郵政劃撥 0017620-0 號帳戶

E-mail　　：artbook@ms43.hinet.net

南部分社：台南市西門路 1 段 223 巷 10 弄 26 號

電　　話：(06) 261 7268　傳　　真：(06) 263 7698

中部分社：台中縣潭子鄉大豐路 3 段 186 巷 6 弄 35 號

電　　話：(04) 2534 0234　傳　　真：(04) 2533 1186

登 記 證：行政院新聞局台業字第 1035 號

設　　計：陳修明 / 香港高意設計製作公司

電　　話：(852) 2504 1330

製版印刷：欣佑彩色製版印刷股份有限公司

定　　價：450 元

初　　版：2003 年 1 月 30 日

ISBN　　：957-672-339-6

國家圖書館出版品預行編目資料

圖說舊約物語／何恭上主編；梁工編譯；古斯塔夫.
杜雷插圖 . -- 初版. -- 臺北市：藝術圖書, 2002〔民
91〕
　　面；　公分. --（圖說物語；4）

ISBN 957-672-339-6〔平裝〕

1.聖經 - 舊約　2.繪畫 - 西洋 - 作品集

947.37　　　　　　　　　　　　91016210